끌어당기는 세일즈

끌어당기는 세일즈

윤도연 지음

SNS로 억대 매출을 만든 워킹맘의 실전 전략

나들

차례

프롤로그
아무것도 없어도 괜찮다, 다시 시작하면 된다   9

I

좌충우돌 인생 모험기
예측 불가한 도전의 연속

1장	꿈꾸는 소녀	15
2장	삶은 선택의 연속	18
3장	복조리부터 떡까지, 아르바이트 모험기	25
4장	열정으로 빚어낸 인생 1막	29
5장	평범한 일상이 얼마나 소중한지	35

II 인생의 터닝 포인트
역경을 발판으로 다시 일어나다

1장	벗어날 용기	45
2장	누구도 응원하지 않을 때, 나는 나를 믿는다	51
3장	나는 아이를 지켜낸 대한민국의 엄마다	60
4장	어둠 속에도 빛은 존재한다	64
	회복 탄력성, 쓰러져도 다시 일어나는 용기의 힘	70

III 세일즈 성공 비법
메리케이 세일즈 퀸이 되다

1장	생생하게 꿈꾸면 반드시 현실이 된다	79
2장	자매와 함께한 성공 여정	82
	6가지 우선순위 설정법, 성공과 자기 관리를 위한 가이드	86
3장	팀 빌딩 퀸의 탄생	92
4장	전 국민이 고객, 지인 없이 성공하는 법	100
5장	움직이는 트로피를 받다	110
6장	죽음 앞에서 깨달은 진정한 성공의 의미	116
	세일즈 퀸의 17가지 특급 노하우	123

IV 디지털 노마드 라이프
위탁 판매와 구매 대행

1장	성형외과로 스카우트	147
2장	디지털 노마드 삶의 서막	154
3장	진짜 실력	159
4장	나의 경험, 고객의 솔루션이 되다	164
5장	재능을 나누고 콘텐츠로 성장하다	169
	꿈꾸는 몸을 현실로 만드는 내마다 다이어트	176
6장	도전의 끝	181
	꿈을 현실로 만드는 단계별 실천 전략	187

V 끌어당김의 법칙
꿈을 현실로 만드는 방법 1

1장	샤머니즘의 굴레를 벗고, 마인드의 힘으로 서다	197
2장	독서로 재설계하는 삶	201
3장	끌어당김의 법칙, 마음과 행동의 조화	205
4장	시각화가 실제 행동을 대체할 수 있을까?	212
	시각화, 가장 간단하면서도 강력한 방법	217
5장	긍정과 부정의 힘은 반드시 현실이 된다	222

VI 노력의 힘
꿈을 현실로 만드는 방법 2

1장	나만의 길을 찾는 여정	235
2장	꿈을 현실로 만드는 100번 쓰기와 자기 확언	245
3장	두 번째 죽음의 문턱에서	276
4장	명상, 쉼표의 가치	282
	6가지 상황별 추천 명상	294
5장	목표 세분화의 힘	299

에필로그
이제, 당신 차례   305

프롤로그
아무것도 없어도 괜찮다,
다시 시작하면 된다

책을 쓰는 동안 스스로에게 계속 물었습니다.

"내가 진짜로 전하고 싶은 건 무엇일까?"

이 글을 쓴 이유는 그리 단순하지 않습니다. 잘 살아보자는 말을, 성공하자는 말을 하려는 게 아닙니다. 나는 당신이 자신의 가능성을 믿게 되길 바랍니다.

나 역시 삶이 너무 벅차 무기력했던 날들이 있었습니다. 현실에 눌려 내가 누구인지, 무엇을 꿈꿨는지도 잊고 살았던 시간들. 하루하루를 간신히 버티며, 나는 스스로를 조금씩 잃어가고 있었습니다. 하지만, 내 마음 한구석에는 '내가 되고 싶은 나'의 작은 불씨가 끝내 사라지지 않고 남아 있었습니다. 그 불씨 하나를 붙들고 여기까지 왔습니다. 지금 이 자리에, 이 글을 쓰는 나로 살아 있습니다.

그리고 이제, 당신에게 그 불씨를 전하고 싶습니다. 이 책은 시작조차 못 하고 있는 당신에게 드리는 응원입니다.

망설이지 않아도 괜찮습니다. 천천히 해도 괜찮습니다. 중요한 건 멈춰 선 그 자리에서 딱 한 걸음만 앞으로 나아가 보겠다고 스스로에게 다짐하는 것입니다. 그 다짐 하나가 삶을 바꿉니다. 나는 오직 당신이 진심으로 원하는 삶을 향해 나아가게 되길 바라는 마음으로 썼습니다.

육아와 가사, 일과 불안, 눈치와 책임감 사이에서 '나'를 미루며 살아왔던 내가, 내가 원하는 인생을 살아도 괜찮다고 말할 수 있게 되었듯 당신도 할 수 있습니다.

이 책을 통해 전하고 싶은 건 '누구나 시작할 수 있다'는 가능성입니다. 돈이 없어서, 시간이 없어서, 자신이 없어서 미뤄왔던 사람에게. 실패가 두려워 감히 도전하지 못했던 사람에게. 꿈은 있지만 실행할 용기가 없었던 누군가에게. 나도 그랬다고, 그럼에도 불구하고 시작할 수 있었다고 말해주고 싶습니다.

나는 블로그 포스팅 하나, 작은 글 한 편, 정리되지 않은 생각 하나에서 시작했습니다. 하루 10분, 단 한 명의 이웃에게 보내는 메시지를 썼고, 그 하루하루가 쌓여 지금의 나를 만들었습니다.

당신은 무엇을 꿈꾸나요? 그리고 무엇이 당신을 멈추게 하나요? 이 책은 그 멈춤의 벽 앞에서 다시 한 걸음을 내딛게 해줄 이야기입니다. 당신의 삶이 바뀔 수 있음을 보여주는 내 삶의 기록입니다.

나는 이제 두렵지 않습니다. 행동하면 반드시 길이 열리고, 그 끝에는 답이 있다는 걸 알게 되었기 때문입니다. 이제 당신도, 멈춰 있던 자리에서 한 걸음을 내딛길 바랍니다.

아무것도 없어도 괜찮습니다. 지금의 당신으로 충분합니다.

이 책이 당신의 삶에 다시 불을 켜는 시작이 되기를 바랍니다.

당신이 스스로의 가능성을 믿고, 마침내 자신만의 삶을 당당히 살아가게 되기를 진심으로 바랍니다.

I

좌충우돌 인생 모험기
예측 불가한 도전의 연속

1장
꿈꾸는 소녀

나는 화목한 가정에서 두 딸 중 첫째로 태어났다.

우리 아빠는 사업의 신이라고 불릴 정도로 손대는 일마다 번성했다. 아이디어 뱅크에다가 사람을 대하는 매너도 최고였다. 남들이 생각하지 못하는 아이디어를 내고 그것을 현실로 만들어내는 아빠를 보면서 나도 크면 아빠처럼 멋진 사업가가 되겠다고 다짐했다.

선물 포장이 유행이던 시절, 아빠는 롯데 백화점 포장 코너에서 일했다. 손님이 끊이질 않아 밥을 먹을 시간도 없을 정도로 바빴다고 했다. 아빠는 예쁘게 포장된 선물을 받아 가는 손님들의 행복한 얼굴을 보며, 포장 사업이 참 멋진 일이라고 느꼈다고 한다.

어느 날, 아빠는 군대 동기들과의 식사 자리에서 지방에는 포장 서비스가 없다는 말을 들었다. '이 사업이 정말 잘되는데, 다른 지역엔 아직 없다고? 그럼 내가 가서 이 일을 한번 해 볼까?'라고 생각하고, 부산의 유나 백화점 포장 코너를 계약했다.

부산에 가면 어디서 살고 뭘 타고 다닐지 혹시 포장 코너가 잘 안되면 어떻게 할지 등의 걱정은 전혀 하지 않았다. 가족들의 걱정은 기우였다. 아빠가 운영하는 유나 백화점 포장 코너는 대성공을 거두었고, 하루 종일 손님들이 줄을 서 결국 엄마까지 포장일을 도와야 했다.

집에 오면 커다란 봉투에 든 돈을 세다 지쳐 잠들었다고 했다. 그 시점에 내가 태어났고, 우리 할아버지는 나보고 복덩이라고 했다. 내가 우리 집에 돈을 가득 가져다준 복덩이 중에 복덩이라고, 너희 아빠는 앞으로 잘될 일만 남았으니 먹을 것, 입을 것 걱정은 하지 말라고 했다.

아빠는 다른 백화점에도 매장을 하나 늘렸고, 작은아빠도 포장 코너를 하나 맡아 운영했다. 우리 집은 날로 번창했다.

포장 코너의 인기가 어느 정도 주춤해질 것을 예상했는지 어느 날 아빠는 다른 일을 미리 알아봐야겠다고 했다. 내가 초등학교 5학년이 되었을 때 아빠는 꿈의 회사를 세우겠다고 했다.

꿈의 회사…?

아빠는 일본과 미국을 오가며 다양한 아이디어를 얻어왔

고, 그 결과로 부산 남포동 번화가에 하얗고 예쁜 건물을 짓기 시작했다.

"이곳은 청소년들이 꿈과 희망을 키우는 멋진 공간이 될 거야."

난 도대체 무슨 말인지 몰랐다.

집 앞 문방구만 가도 여러 가지 문구류가 다 있는데, 왜 굳이 비싼 땅에 하얀 건물을 지어서 문구를 들이겠다고 하는 건지… 누가 이런 고가의 물건들을 사러 올까, 의심부터 들었다. 그런데 이게 웬걸… 오픈하자마자 아빠의 꿈의 회사는 학생뿐만 아니라 성인들이 줄을 서는 명소 중의 명소가 되었다. 아빠가 포장 코너를 운영하며 쌓은 경험, 해외에서 받은 영감들이 더해져 하나의 멋진 공간이 완성된 것이다.

입소문을 타고 대성공을 거두면서, 정말 말 그대로 돈이 쏟아져 들어왔다.

보기만 해도 예쁜 사물들, 이 펜을 사면 더 열심히 필기를 하고, 이 노트에 필기하면 다 외워지는, 공부가 두 배로 잘될 것 같은 예쁜 학용품이 가득한 공간! 그야말로 문구 천국이었다!

사업에 있어서 아이디어 뱅크였던 아빠 덕분에 자라는 동안 부족함이 없었다. 언제나 눈에 하트를 띄우며 적극적으로 지원하는 든든한 부모님 아래에서 나는 행복한 유년 시절을 보냈다.

2장
삶은 선택의 연속

나는 다섯 살 때 피아노를 치기 시작했다. 부모님이 미술과 음악 중 하나를 선택해 배우라고 하셨고, 나는 자연스럽게 더 즐거움을 느꼈던 피아노를 택했다. 피아노는 내 삶에서 중요한 부분이 되었고, 시간이 지날수록 음악에 대한 열정은 깊어졌다. 부모님도 내 재능을 알아보고 예술 고등학교 진학을 권유하셨다.

그런데 중학교 시절, 외국어 고등학교를 홍보하러 온 선배들의 멋진 모습에 매료되어 예상치 못한 결정을 하게 되었다. 외국어를 배우는 것에 대한 기대와 선배들의 반짝이는 모습에 이끌려 충동적으로 외고를 선택한 것이다. 그 선택이 큰 실수였음을 나중에 알게 되었다.

외고 생활은 끊임없는 경쟁과 압박이었다. 내가 사랑했던 피아노 연주 대신 영어, 독일어, 일본어를 익혀야 했고, 대학 수학 능력 시험 준비까지 병행하느라 스트레스는 점점 쌓여갔다. 위경련으로 쓰러지는 일도 잦았다. 무엇보다 고통스러웠던 것은 교사의 체벌이었다. 성적이 좋지 않으면 곧바로 체벌이 뒤따랐다. 공부는 어느 순간, 성적 향상을 위한 배움이 아니라 체벌을 피하기 위한 '생존 수단'이 되어버렸다.

조금이라도 틀리면 손바닥이나 발바닥을 각목으로 맞아야 했기에 교과서를 통째로 외우는 일은 일상이었다. 시험 문제를 풀며 '이 문제는 책 오른쪽 윗부분에 나왔던 내용이다'라는 식으로 글자 위치까지 떠올리며 답을 적었다. 학생의 본분이 공부라지만, 나의 고등학교 생활은 유난히 더 혹독하고 고통스러웠다. 하루하루가 전쟁 같았던 그 기억은 아직도 생생하게 남아 있다.

사람들은 내가 공부를 잘한다고 생각했다. 반에서도 항상 상위권에 들었고, 특히 영어, 일본어, 독일어 같은 외국어 과목에서는 거의 만점에 가까운 성적을 받았다. 하지만 그건 내가 뛰어나서가 아니라, 단지 '맞지 않기 위해' 책을 통째로 외웠기 때문이다. 책의 쪽수를 대면 문제의 답을 끄집어낼 정도로 지독하게 암기했다. 그러나 그렇게 쌓은 성적은 결국 점수뿐이었다.

배움의 기쁨도, 사고의 깊이도 남지 않았고, 오직 생존을 위한 암기만이 남았다.

외고 교육은 내가 진정으로 잘하는 것을 계발하거나 원하는 것을 찾게 해주기보다는, 실수를 하지 않도록 만드는 데 초점이 맞춰져 있었다. 이런 환경 속에서 나는 점점 불필요한 말은 하지 않고, 필요한 말만 하는 모범생이 되었다. 그러나 얌전하고 순응적인 모습 이면에는 하고 싶은 것을 하지 못하는 현실에 대한 반항심이 자리 잡고 있었다. 마음속 깊은 곳에서는 억눌린 열망과 갈등이 계속해서 나를 짓누르고 있었다.

어릴 때부터 시작되었던 것 같다. 초등학교 시절, 나는 스스로를 표현하지 못하는 아이였다. 지금도 또렷이 기억나는 장면이 있다. 내 동생이 학급 반장이 되어 학교 뉴스를 소개한 적이 있었다. 그날 교내 방송으로 전 교실에 동생의 모습이 흘러나왔는데, 매일 집에서 보던 동생이 티브이에 나오니 정말 신기했다. 마음 한구석에서 부러움이 밀려왔다. 겉으로는 아무렇지 않은 척했지만, 속으로는 '나도 잘할 수 있는데… 언젠가 티브이에 나오는 사람이 되면 좋겠다.'라는 작은 소망을 품기 시작했다.

학급마다 한 학년씩 돌아가며 뉴스를 소개했기에, 우리 반에도 그 순간이 찾아왔다. 선생님이 "6학년 학급 뉴스에 나갈 사람?"이라고 묻자, 친구들이 내 등을 밀었다. "너는 말도 잘하고 발표도 잘하잖아. 네가 한번 해 봐!" 마음 한구석 설렘과 기대감으로 심장이 뛰었다. 얼굴은 이미 귀까지 빨개졌다. 손사래를 치며 "나는 못해, 절대 못해!"라고 말했지만, 속으로는 얼마나 하고 싶었는지 모른다. 그만큼 나는 소심했다.

고등학교에 진학해 방송반에 지원하겠다고 얘기했을 때 엄마와 선생님은 펄쩍 뛰며 반대했다. "그걸 왜 해? 너는 잘하는 공부해서 좋은 대학교 가야지. 방송반 하면 쓸데없이 시간만 뺏긴다고. 지금 조금 더 집중하면 원하는 곳에 갈 수 있어!"라는 말이 돌아왔다.

그 말은 마치, 내가 진심으로 원했던 무언가를 '가벼운 일탈'쯤으로 치부해버리는 듯했다. '정말 하고 싶은데 왜 안 된다고만 하시는 걸까?' 입술까지 올라온 이 말을 결국 꾹 삼키고, 또 한 번 내 마음을 꺼내지 못한 채 덮어야 했다.

하지만, 그 꿈은 그렇게 완전히 사라지진 않았다. 내 안에 조용히, 오랫동안 머물며 언젠가를 기다리고 있었다. 그 작은 불씨가 어떻게 다시 피어오르게 되는지는 이 책의 후반에서 이야기해 보려 한다.

고등학교 졸업을 앞두고 얼마나 설레었는지 모른다. 결과가 어떻든, 일단 대학 입시만 끝나면 대한민국의 어엿한 성인으로서 내가 원하는 것을 하나씩 도전해 볼 수 있지 않을까 하는 막연한 기대감 때문이었다. 다른 친구들은 다이어리에 '수능 D-day 100일 전', 'D-day 50일 전'과 같이 적었지만, 나는 '탈출 100일 전', '탈출 50일 전', '탈출 5일 전'이라고 적으며 답답한 울타리를 벗어나기만을 손꼽아 기다렸다.

그러나 그렇게 간절히 기다렸던 수능이 끝난 후에도, 내가 꿈꾸던 자유는 찾아오지 않았다. 또다시 새로운 틀에 내몰리고 있었던 것이다. 법대, 경영학과, 경제학과, 영문과와 같은 학과들은 나의 관심사와는 전혀 맞지 않았지만, 선생님들은 마치 내가 그곳에 꼭 가야만 하는 것처럼 추천서를 썼다. 엄마는 "외고까지 나와서 그럼 어디를 갈 거냐! 정신 좀 차려!"라며 매일같이 나를 몰아세웠다.

수능을 치루면 내 인생을 내 손으로 개척할 수 있으리라 믿었지만, 현실은 여전히 내가 원하는 방향과는 거리가 멀었다. 벗어나고 싶어 했던 울타리를 지나 또 다른 울타리 앞에 서 있는 기분이었다. 꿈꾸던 자유는 멀기만 했고, 압박감 속에서 나는 점점 더 숨이 막혀 갔다.

그러던 어느 날, 법대 합격 통지서를 받았다. 나는 방에 앉아 한참을 들여다보다 웃음을 터뜨렸다. "법대? 내가 거기 가서 뭘 해? 정말 황당하네!" 손에 든 합격 통지서를 던져버렸다. 그 순간, 나는 더 이상 내가 원하지 않는 길로 끌려가지 않겠다고 생각했다. 고등학교 3년 동안 외고라는 곳에서 탈출할 날만을 손꼽아 기다렸는데 또다시 4년을 내가 원하지 않는 학과에서 보낸다? 그런 건 상상조차 할 수 없었다.

그때 아빠가 나를 구했다.

엄마는 매번 좋은 대학, 좋은 학과를 외쳤지만, 아빠는 "네가 정말 원하는 걸 해야지. 네 인생이잖아."라고 말했다. 평소 그 말은 내게 큰 힘이 되었다.

어느 날 친구를 만나러 가던 길, 나는 아빠에게 전화를 걸었다.

"아빠, 나 정말 죽겠어요. 그런 학과들, 가고 싶지 않아요. 죽어도 못 가요. 3년 동안 죽을 고생하며 외고 다녔는데 또다시 4년을 그런 데에서 보낸다니 상상도 하기 싫어요. 아빠는 인테리어를 배워서 아빠 회사를 예쁘게 꾸몄잖아요? 저도 미대 인테리어과에 들어가 집을 예쁘게 만드는 걸 배우고 싶어요."

그날, 나는 내 인생의 방향을 처음으로 내 손으로 틀었다. 그리고 아빠는 묵묵히 내 선택을 지지해주셨다. 내가 꿈꾸던 러브하우스 같은 공간을 직접 만들 수 있는 방법들을 배워가기 시작했다.

그 선택은 내게 큰 교훈을 남겼다. 누군가의 기대를 충족시키기보다, 내가 진짜 원하는 것을 선택하고, 스스로의 길을 걸어가는 것. 그게 얼마나 중요한지, 그리고 얼마나 나를 살아있게 하는 일인지 말이다.

우리는 매일 선택의 순간에 놓여 있다.
어떤 선택을 하든지,
그 선택이 당신의 성장과 성공을 위한 밑거름이
된다고 믿어라.

3장

복조리부터 떡까지, 아르바이트 모험기

고등학교 3학년, 수능을 마치고 나서 나는 스스로에게 말했다. "이제 나도 성인이니 돈을 벌어봐야지. 뭘 해 볼까?" 집 근처에 있던 벼룩시장 신문을 꺼내 들었다. 그 시절 신문에는 흥미로운 아르바이트들이 많았다. 떡 팔기, 뚫어 펑 광고 스티커 붙이기, 명함 돌리기, 복조리 팔기 등등. 고민하다가 떡 파는 일을 먼저 해 보기로 했다. 출석 일수 때문에 여전히 학교에 가야 했지만 오전 내내 특별히 할 일도 없었다. 친구들이 티브이를 보며 시간을 보내는 동안, 나는 떡을 팔기로 마음먹었다.

떡 도매 사장님에게 전화해 학교로 떡을 배달해달라고 했다. 아침마다 사장님이 떡을 박스에 담아 학교로 가져다주면, 나는 그 떡을 친구들에게 한 팩씩 팔았다. 돈이 필요해서가 아니라, 무언가를 직접 기획하고 실행하며 수익을 창출하는 그 과정 자체가 너무나 재미있기 때문이었다. 스스로 무언가를 개척하고 성취하는 것이 나에게는 큰 기쁨이었다.

고등학교 졸업 후에는 더 큰 자유가 찾아왔다. 이제 학교에 갈 필요도 없어 다양한 아르바이트를 도전할 수 있는 기회가 생긴 것이다. 나는 친구들과 함께 뚫어 펑 광고 스티커를 붙이고, 명함을 돌리며 시간을 보냈다. 그러다 1월의 추운 날씨 속에서 복조리를 팔아보기로 결심했다.

복조리 묶음을 어깨에 메고 동네에서 가장 높은 아파트로 갔다. 맨 위층부터 한 집 한 집 문을 두드리며 "복을 드리러 왔습니다!"라고 외쳤다. 웃으며 반겨주는 분도 있고, 필요 없다며 단칼에 거절하는 이도 있었다. 하지만 이상하게도 상처받지 않았다. 이 집에서 안 되면 저 집에서, 저 집에서 안 되면 또 다른 집에서, 그렇게 묵묵히 복조리를 팔았다. 한겨울 추위에 발이 부르트도록 걸어도 힘든 줄 몰랐다. 원인 모를 열정이 온몸을 채우고 있었고, 그 열정이 나를 계속 앞으로 나아가게 했다.

어느 날, 우연히 점집에 들어가게 되었다. 보살님이 우리를 따뜻하게 맞아주었다. "너희 손발이 빨갛게 얼었구나, 이리 들어와서 따뜻한 차라도 마셔라." 보살님에게 복조리를 소개하며 "이 복조리는 복을 두 배, 세 배로 담을 수 있는 특별한 복조리"라고 설명했다. 보살님은 3, 4천 원 하는 복조리를 만 5천원에 흔쾌히 사주었다. 복조리를 팔고 돌아오는 길이 마치 세상을 다 가진 것처럼 느껴졌다.

가끔 주민의 신고로 경비 아저씨가 쫓아내기도 했는데, 그럴 때면 우리는 옆 동으로 가서 다시 시도했다. 엄마는 그런 나를 걱정했다. "오늘은 나가지 말고 집에 있어라."라며 만류했지만, 나는 엄마가 깜빡 잠든 틈을 타 발끝을 세워 조심조심 문을 열고 몰래 나갔다. 그렇게 친구들과 함께 다양한 아르바이트를 하며 시간을 보냈다.

특히 레스토랑에서 일하던 때가 기억에 남는다. 그저 한번 해 보고 싶어서 시작한 일이었는데, 손님을 맞이하고 바쁘게 움직이는 게 마치 새로운 적성을 찾은 것처럼 즐거웠다. 그런데 어느 날 아빠가 갑자기 레스토랑에 찾아오셨다. "왜 그렇게 힘든 일을 하려고 하니? 용돈이 부족해서 그러니? 대학 입학 전까지 친구들처럼 여유롭게 지내라."라며 나를 걱정했다. 하지만 나는 그 일이 너무 신나서 시간 가는 줄도 몰랐고, 손님들이 서비스에 만족하는 모습을 보며 뿌듯함을 느꼈다.

나중에 알게 된 사실이지만, 그런 성향은 나만의 것이 아니었다. 우리 집안 어딘가에 흐르고 있는 기질 같았다. 우리 이모가 고등학교 시절 동대문에서 속옷을 사와 친구들에게 팔았다는 이야기를 들었을 때, '아니 그 옛날에도 이런 생각을 할 수 있었단 말이야?' 하며 너무나도 신기하고 재미있었다. 이모는 남대문에서 수입 액세서리 사업을 오랫동안 했는데, 유행을 미리 예측하고 시장의 흐름을 읽는 능력이 탁월했다. 영어도 유창하게 구사해 해외 바이어들과 활발히 거래했다. 함께 일하는 상인들이 안 팔릴 것 같다며 회의적인 반응을 보일 때도, 이모는 자신의 판단을 믿고 주저 없이 행동에 옮겼고, 결국 그 아이템은 대박이 났다.

나는 깨달았다. '아, 내가 가진 이 사업적 감각은 아빠와 이모에게서 물려받은 것이구나.' 우리 아빠는 무에서 유를 창조하는 놀라운 능력으로 성공을 일궈냈고, 나는 그런 아빠를 보며 자연스럽게 사업적 감각을 키워나갔다. 아빠와 이모의 사업적 재능을 물려받았기에 나는 언제나 새로운 아이디어를 떠올리고 실행하며 성공을 거두는 자신감을 갖고 있었다.

결국 내가 지닌 재능과 가능성은 나 혼자만의 것이 아니었다. 가족으로부터 물려받은 소중한 유산 덕분에 나는 반짝이는 아이디어로 돈을 벌고 친구들과 즐거운 시간을 보낼 수 있었다.

4장
열정으로 빚어낸
인생 1막

롯데리아에 눈길이 간 건 우연이 아니었다. 나는 빵을 좋아했고, 그중에서도 햄버거는 사랑했다. 매일 먹으라고 해도 기쁘게 먹을 수 있을 만큼 햄버거에 대한 애정이 컸다. 롯데리아에서 아르바이트를 하면 식사로 햄버거를 준다는 소문을 들었다. 나는 롯데리아에서 아르바이트를 시작했다.

    그 시절에는 지금의 키오스크가 없어서 직원들이 직접 주문을 받아야 했다. 나는 사람들과 대화하는 것을 좋아했고, 손님에게 친절하게 설명하는 것도 즐거웠다. 그래서 매니저는 내게 포스(결제 시스템)를 맡기며 "너는 손님들 주문만 받아줘. 나머지는 우리가 다 백업할게."라고 했다. 나는 일이 너무 재밌어서 손님이 없을 때면 매장 밖으로 나가서 떨어진 쓰레기를 줍고, 자주 오는 손님에게는 먼저 인사하며 매장을 정리하곤 했다.

대학 수업을 마치고 매일 저녁 롯데리아에서 일을 했다. 그러다 매니저로 승진했고, 평생직장으로 삼을 수 있을 것 같다고 생각했지만, 엄마는 좀 더 안정적인 직장을 원했다.

엄마의 권유로 보육교사 자격증을 준비했다. 유치원 선생이 시집을 잘 간다는 소문이 있기도 했고, 자격증을 따두면 나쁠 게 없다는 생각에서 시작했다. 하지만 졸업 후 유치원에서 일해보니 내 적성과는 맞지 않았다. 아이들은 너무 예뻤지만, 적은 보수와 넘치는 업무는 내게 큰 부담이었다. 아침부터 차량 운행에 수업, 거기에 미술 수업까지 겸해야 했다. 주말이면 늘 쓰러지듯 잠들었고, 병원을 들락거리는 날도 많았다. 3년을 버티다가 더는 이 일을 할 수 없다는 판단에 퇴사하고 새로운 일자리를 알아보았다.

선박 회사 입사 면접을 봤다. 선박에 대해 전혀 몰랐던 나는 면접에서 이렇게 당당하게 말했다. "사장님, 처음부터 다 아는 사람은 없습니다. 저는 배우면 금방 습득합니다. 외국 고객들과 영어로 소통할 수 있고, 발주와 사무 일도 해낼 자신이 있습니다!" 이 당당한 태도에 사장님은 나를 뽑았다.

내가 맡은 업무는 선박에 필요한 '선식'을 공급하는 일이었다. 러시아인 고객이 소유한 18척의 배에 필요한 물품을 제공하는 것이 나의 주요 업무였다. 여직원으로서는 처음으로 배에 승선해 고객과 인사하고 필요한 물품을 챙기는 역할을 맡았다. 사무실에만 있으면 지루할 것 같아, 상사가 배에 탈 때마다 따라 나갔고, 필요한 정보를 현장에서 얻었다.

    내가 입사한 후, 회사 매출은 두세 배로 성장해서 고객이 늘어나고 발주도 많아졌다. 그만큼 업무량도 늘었지만 그래도 일이 너무 즐거웠다. 어떤 음식을 추천할지 고민하고, 자청해서 야간 근무를 했다. 사장님은 늘 나를 칭찬했고, 회사 분위기는 정말 화기애애했다. 직원들은 서로 웃으며 일했고, 회사 매출이 오를 때마다 우리는 고기 파티를 열고 연수를 떠났다.

    하지만 사장님의 투자 실패로 회사는 점점 기울었고, 결국 문을 닫았다. 그렇게 내가 사랑하던 회사를 떠나야 한다니, 세상이 무너지는 듯한 슬픔이 밀려왔다.

    한동안 멍하니 시간을 보내며 마음을 추스르려 했지만, 언제까지 이렇게 있을 수만은 없었다. 집에만 있으면 오히려 병이 날 것 같았다. 그래서 다시 마음을 다잡고 새로운 일자리를 찾기 시작했고, 그때 은행 채용 공고가 눈에 들어왔다. 아빠는 "한번 해 봐라, 넌 잘할 거다!"라며 응원해 주셨다.

    은행에 지원하고 서류 합격 결과가 나오지 않아 불안한 마음에 전화를 걸어 담당자에게 원서가 잘 접수되었는지 확인했다. "네, 잘 접수되었습니다. 1차 합격자에 한해 연락드릴게요."라는 답변을 받고 며칠 후 면접을 보러오라는 연락이 왔다.

    면접장에 도착해보니 경쟁자는 모두 뛰어난 학벌과 경력

을 자랑하는 사람들이었다. 긴장으로 몸이 굳고 자신감도 잃고 있었는데, 그때 면접관 중 한 분이 나를 보며 말을 건넸다. "아, 저랑 통화하셨던 분 맞죠?" 예상치 못한 따뜻한 인사에 순간 숨이 트였고, 긴장도 조금 풀렸다. "그날 전화하지 않으셨다면, 사실 원서를 그냥 넘겼을지도 몰라요." 그 말에 마음이 놓였고, 잊고 있었던 내 진심이 조금씩 되살아났다.

면접에서 나는 영어, 일본어, 독일어로 자기소개를 하며 당당하게 말했다. "저는 대체 불가한 인재입니다. 저를 뽑으면 후회하지 않으실 겁니다." 합격 소식을 들었을 때, 그 기쁨은 이루 말할 수 없었다. 부모님께 바로 전화를 걸어 "아빠, 나 합격했어요!"라고 알리니 함께 기뻐하셨다.

그렇게 시작된 은행 생활은 예상한 것보다 보수적이고 차분한 분위기였다. 하지만 나는 항상 밝고 활기차게 사람들을 대하며 맡은 일에 최선을 다했다. 야근으로 집에 늦게 돌아가는 날이 많았지만, 웃음을 잃지 않고 즐겁게 일했다.

내 특유의 통통 튀는 말투와 에너지 덕분에 "쟤는 뭐가 저렇게 신났대?", "목소리 들었어?" 하는 말들을 들었지만, 나는 개의치 않았다. 나만의 방식으로 일을 즐기며 묵묵히 내 역할에 충실했다.

나중에 알게 된 사실이지만, 은행 사람들은 나를 '8층 현영'이라고 불렀다고 한다. 당시 방송인 현영 씨가 대중적인 인기를 끌었고, 내 밝고 생기 넘치는 목소리가 그녀를 떠올리게 했던 것 같다. 물론 마냥 좋은 의미의 별명은 아니었겠지만, 나는 신경 쓰지 않았다. 중요한 것은 나답게 최선을 다하는 것이었으니까.

열심히 일하는 모습에 뒤에서 내 이야기를 하던 사람들조차 결국 나를 인정하기 시작했다. "정말 매사에 최선을 다하네.", "너는 참 대단하다."라는 칭찬이 이어졌고, 은행 생활은 더욱 즐거워졌다. 나를 비웃던 사람들마저도 진심으로 일하는 내 모습에 감화되어 점차 한마음으로 일하게 되었고, 자연스럽게 팀워크도 좋아졌다.

성과도 쌓이고, 사람들과의 관계도 원만했고, 무엇보다 일이 즐거웠다. 매일 바빴지만 힘들다고 느낀 적은 없었다. 일이라는 생각조차 들지 않을 만큼 몰입했고, 스스로도 신기할 만큼 에너지가 넘쳤다.

그런데 어느 날, 예고 없이 몸이 아프기 시작했다.

이유도 알 수 없는 피로감과 통증이 밀려왔고, 병원을 찾아가도 명확한 진단을 듣지 못했다. "목이 부었네요, 감기약을 드릴게요.", "잠을 못 잔다고요? 수면제를 처방하겠습니다.", "속이 쓰리다고요? 위장약을 드셔 보세요." 돌아오는 답은 언제나 이런 식이었다. 몸 상태는 점점 악화되어 결국 2~3일 간격으로 링거를 맞는 일이 일상이 되었고, 그렇게 나는 조금씩 지쳐갔다.

근무 중에 몸이 너무 아파 힘들어 보이면, 내 직속 상사였던 차장님은 배려해 줬다. "잠깐 쉬고 와요." "오늘은 무리하지 말고 몸 좀 챙겨요." 그 따뜻한 말 한마디와 세심한 배려가 큰 위로가 되었다. 하지만 점점 악화되는 건강 상태는 결국 더는 버틸 수 없게 만들었다. 나는 어쩔 수 없이 회사를 떠나기로 했다.

퇴사한다고 그렇게 우는 사람이 또 있을까. 몸이 아픈 날 위해 부모님이 데리러 오셨다. 부모님과 함께 은행 앞에서 마지막 인사를 하고 떠나던 그날을 나는 아직도 생생히 기억한다. 선배, 동료 들이 모두 나와 손을 흔들었다. 우리는 눈물 속에서 작별을 고했다.

이런 사람들을 어디서 다시 만날 수 있을까. 그들과 함께 했던 시간은 내 인생의 가장 빛나는 순간이었다. 함께 웃고, 함께 일하고, 서로를 위로하며 지낸 그 모든 날들이 소중한 추억으로 남아 있다.

비록 건강 문제로 떠날 수밖에 없었지만, 그 시절을 떠올릴 때마다 행복했던 마음이 가득 차오른다. 보석 같은 사람들과 함께했던 그 시간이 내 삶에 빛나는 장식처럼 남아 있다. 그 소중한 기억이 나를 더욱 단단하게 만드는 원동력이 되었음을 믿는다.

5장
평범한 일상이 얼마나 소중한지

부산의 은행에서 근무하던 시절, 일 자체는 힘들지 않았다. 보고서를 정리하고, 데이터를 확인하고, 팀을 지원하는 일은 익숙했고 잘할 수 있었다. 하지만 이상하게 몸이 점점 말을 듣지 않았다. 아침에 일어나기가 무서울 정도로 피곤했고, 업무 중에도 집중이 되지 않았다. 무기력에 멍한 상태가 계속되었다. 병원을 전전했지만 스트레스성 두통, 면역력 저하 같은 뾰족한 해결책이 없는 말뿐이었다.

무엇보다도 힘들었던 건, 나만 이상한 것 같은 느낌이었다. 주변 사람들은 다 괜찮아 보였고, 나만 나약한 기분이었다.

하지만 정말 다행스럽게도 따뜻한 상사를 만났다. 내가 힘들어 보이면 휴게실 침대에서 잠깐 눈을 붙일 수 있도록 배려해 주었다. 퇴근길에는 조용히 내 책상에 간식을 올려두기도 했다. 그가 말없이 국밥을 사주던 어느 저녁에는 그 따뜻함에 마음을 놓고 울고 싶었다. 지금도 생각한다. 어디에서 과연 그같이 좋은 사람을 또 만날 수 있을까.

나는 스스로의 한계를 인정하고 쉬겠다는 결정을 내렸다. 엄마는 서울 외갓집에 가서 한동안 몸과 마음을 추스르자고 했다. 그렇게 낯선 곳으로 향한 그 발걸음이 나를 다시 살리는 시작이 될 줄 그때는 몰랐다.

서울에서의 생활은 고요했다. 골목을 따라 걷는 것만으로도 위안을 받았다. 외갓집 식구들과의 식사는 마음에 온기를 불어넣어 주었다. 자연스럽게 교회에 따라가게 되었고, 찬양단의 노래를 듣는 순간 참을 수 없는 눈물이 흘러내렸다. 그 울음은 고통의 외침이자, 살아 있다는 증명이었다. 터져 나온 그 감정은 내게 말하고 있었다. "이제는 회복이 필요해." 그렇게 나는 상담 치료를 시작했다. 내 안에 쌓여 있던 감정들을 하나씩 꺼내어 들여다보기 시작했다. 감정의 파도가 몰아치기도 했지만, 그 또한 회복의 과정이었다.

그 무렵 엄마가 조심스레 제안했다. "이번 기회에 해외 선교를 가면 어떨까? 외국에서 바람도 쐬고. 전환이 될 수도 있잖아." 그렇게 나는 인도 선교라는 뜻밖의 여정을 준비하게 되었다.

인도에 도착해 비행기에서 내리자마자 그곳의 공기와 냄

새, 소리에 압도당했다. 진짜 모험은 9시간 넘게 달리는 기차를 타는 순간부터였다. 좁고 철제로 된 좌석, 철창이 달린 창, 그리고 객차를 가득 메운 사람들. 좌석 아래, 위, 옆 어디라고 할 것 없이 사람들의 손과 발이 얽혀 있었다. 내 옆에 앉은 이가 누구인지도 모를 정도로 붐비는 그 기차 안에서, 낯선 온도와 냄새, 소리에 정신이 아득해졌다.

시간이 얼마나 흘렀을까. 졸음이 막 쏟아지려는 순간, 내 눈앞에 까만 두 발이 툭 떨어졌다. 깜짝 놀라 고개를 들어보니 위 칸에 누군가가 앉아 다리를 내리고 있었다. 인도의 열차 좌석은 밤이 되면 침대로 변화는 시스템이었다. 낮에는 앉고, 밤에는 눕는다. 자리 하나를 여럿이 공유하는 문화였다. 처음엔 어색했지만, 시간이 지날수록 그 방식이 오히려 정겹게 느껴졌다.

앉은 자리에서 조심스레 과자 하나를 꺼내 들었다. 낯선 나라, 낯선 열차. 외국인과는 제대로 대화를 나눠본 적도 없던 나는, 작은 용기를 내어 옆자리 아이 쪽으로 과자를 살짝 내밀었다.

어색하고 쑥스러운 순간이었다. 그런데 아이는 잠시 나를 바라보더니, 수줍게 웃으며 손을 내밀었다. 그 아이가 내 과자를 받아 들고 입에 넣는 순간, 말로 설명할 수 없는 따뜻한 기분이 밀려왔다. 말은 통하지 않아도, 마음은 전해질 수 있다는 걸 처음으로 깨달은 순간이었다. 과자를 나눠 먹다 보니 목이 말랐다. 생수를 어디서 사야 하나 두리번거리는 중에, 누군가가

지나가며 외쳤다. "빠니 보틀! 빠니 보틀!" 나는 속으로 '보틀은 병이고, 빠니는 뭐지? 물은 워터 아닌가?' 고개를 갸웃거리며 매점 상인에게 "워터 플리즈!"를 반복해서 외쳤다. 그런데도 상인은 "빠니 보틀?"이라며 되묻기만 했다. 한참 실랑이처럼 이어지던 그 순간, 누군가가 작은 생수병을 내밀며 "빠니 보틀!"이라고 말했다. 그제야 깨달았다. 아하! 빠니 보틀이 생수를 뜻하는 말이었구나! 나도 모르게 웃음이 터졌다. 우리는 여전히 말은 통하지 않았지만, 표정과 손짓만으로도 마음이 오간다는 걸 느꼈다. 이 낯선 땅에서의 소통은 생각보다 훨씬 더 따뜻하게 다가왔다.

밤이 깊어지자 기온이 뚝 떨어졌다. 철창 틈으로 찬바람이 쏟아졌고, 이불 한 장 없이 오들오들 떨며 기차 바닥에 기대 잠을 청했다. 피곤하고 불편했지만, 오히려 살아 있다는 감각에 휩싸였다. 그렇게 우리는 목적지 시골 마을에 도착했다.

출발하기 전 나는 아이들에게 줄 선물을 고민하다가, 페이스 페인팅과 풍선 아트를 배웠다. 길지 않은 방문이지만 특별한 추억을 만들어주고 싶었다. 연습한 간단한 동물이나 하트, 별을 아이들 얼굴에 조심스럽게 그려주었다. 풍선을 하나씩 불어 특별한 모양으로 만들면 아이들의 눈은 동그래졌고, 그 소박한 선물을 기뻐하며 받아들었다. 내 손에서 나온 작은 것 하나에 아이들이 웃고, 서로 자랑하는 모습을 보면서 마음 한구석이 따뜻하게 채워졌다. 단지 몇 개의 기술이었지만, 그것만으로도 충분했다. 우리는 마음으로 교감했다.

사실 나는 불교에서 기독교로 개종한 지 얼마 되지 않은 상태였기에, 함께한 선교팀 사람들처럼 유창하게 기도를 하거나 찬양을 잘 부르지 못했다. 내 기도가 전달될 수 있을까, 내가 이렇게 서툰 상태로 기도해도 괜찮을까 하는 걱정이 앞섰다. 어느 날, 용기를 내어 한 마을 주민의 손을 조심스레 잡고 조용히 기도를 시작하려는 순간, 말보다 먼저 가슴 깊은 곳에서 울림이 밀려왔다. 언어는 달라도, 그 따뜻한 손을 마주 잡는 것만으로 전해지는 감정이 있었다.

내가 무슨 말을 하는지 알아듣지 못했지만, 기도해 주겠다고 하면 그들은 조용히 손을 내밀어 맞잡고 눈을 감았다. 우리 둘의 눈가에 동시에 눈물이 고였다. 함께 울고 웃는 동안 내 마음이 분명히 전해졌으리라.

인도 선교를 결심하게 된 데에는 이유가 있었다. 나에겐 실질적인 변화의 씨앗을 심기 위한 여정이었다. 우리가 방문한 그 마을에는 이미 우리 교회에서 파송한 선교사가 있었고, 그를 통해 들은 이야기에는 깨끗한 물을 마실 수 없어 고통받는 사람들과, 배움의 기회를 누리지 못한 아이들이 있었다. 단기적인 도움에 그치는 것이 아니라, 그 지역 주민들이 스스로 살아갈 수 있는 터전을 만들 수 있도록 돕는 것이 이번 선교의 핵심이었다.

마을에 도착한 우리는 실질적으로 필요한 부분을 직접 확인할 수 있었다. 그곳에서의 사역은 깨끗한 물과 교육의 기회를 제공하기 위한 준비된 움직임이었다. 이미 사전에 교회 선교사님을 통해 들었지만, 오염된 흙탕물을 걸러 마시는 현실을 눈으로 보니 더욱 절실하게 다가왔다.

우리는 마을에 우물을 파고, 생계를 위한 자립 기반을 마련하고자 커피나무를 심었다. 그리고 아이들이 공부할 수 있도록 학교 공사에 기금을 지원했다. 우리가 다녀간 이후에도 마을이 지속적으로 변화할 수 있도록 연결된 통로가 되어주고자 했다.

아이들과 크레파스로 스케치북에 그림을 그리며 나는 웃음과 생기를 되찾았다. 내가 살아 있다는 것, 그리고 누군가에게 작게나마 의미 있는 존재가 될 수 있다는 것을 몸으로, 그리고 마음으로 깊이 느낄 수 있었다.

돌아오는 비행기 안에서 깨달았다. 내게 기적은 '병이 나았다'는 하나의 결말이 아니라, 그 과정을 지나며 겪었던 모든 생생한 순간들이라는 것을. 뜨거운 카레를 손으로 먹으며 입을 데이던 그 낯설고 익숙지 않은 감각, 빠니 보틀을 외치던 현지인과 짧은 눈빛을 나누며 미소 지었던 순간, 풀숲 너머가 화장실이라는 걸 알았을 때의 당황스러움, 그리고 철창 너머로 쏟아지던 차가운 바람을 온몸으로 맞으며 떨었던 그 밤까지. 모두가 내 삶에 깊게 새겨진 기적의 장면이었다.

감기에 걸려 목이 쉬고, 풍선을 묶느라 손이 아프던 그 시간 속에서 오히려 내 마음은 뜨겁게 데워지고 있었다. 바람결에 실린 웃음소리, 눈빛과 몸짓으로 이어지는 교감, 그리고 낯선 환경에서의 모든 불편함이 내 안에 켜켜이 쌓이며 다시금 나를 살아 숨쉬게 했다.

짧은 열흘 동안 나는 다시 살아갈 용기를 얻었다. 집으로 돌아와 영화관에서 영화를 보고, 예쁜 옷을 고르고, 친구들과 카페에서 차를 마시는 그 평범한 일상이 이전과는 전혀 다른 감각으로, 놀랍도록 특별한 축복으로 다가왔다.

II

인생의 터닝 포인트
역경을 발판으로 다시 일어나다

1장

벗어날 용기

결혼은 회복의 과정 중에 맞이한 또 다른 전환점이었다.

몸과 마음이 조금씩 안정되어 가던 무렵, 시부모님의 적극적 추진으로 결혼을 결심하게 되었다. 나는 믿음 안에서 함께 성장할 수 있는 새로운 기회가 될 거라고 기대했다. 신앙이 깊은 두 분과 한 가족이 되어, 따뜻한 공동체 안에서 삶을 이어가리라는 소망도 품었다. 하지만 결혼 생활은 기대와는 전혀 다른 방향으로 흘러갔다.

시부모님은 내가 예배에 참석하거나 성가대 연습을 하는 것조차 못마땅해 했고, 아팠던 내 과거를 들먹이며 "우리 아들 아니었으면 넌 시집도 못 갔을 거다. 그때 네 상태, 보통은 아니었지 않니?"라고 말하기도 했다. 회복 중에 들은 그 말은 나를 깊이 흔들었고, 한동안 마음이 무너졌다. 하지만 나는 치료를 꾸준히 받으며 몸과 마음을 다잡아갔고, 결혼 후에는 다시 은행 업무에 복귀할 수 있을 만큼 회복할 수 있었다. 그러나 시댁의 분위기는 점점 숨막혀갔다. 시어머니는 은행이 오후 4시 반에 문을 닫으니 그 시간에 퇴근하는 줄 알았고, 6시가 넘어도 집에 들어오지 않으면 전화를 걸어 아직도 안 오냐며 화를 냈다. 회사에서는 눈치를 보며 퇴근하고, 집에 와서는 또다시 꾸중을 들어야 하는 날이 반복되었다.

결혼했을 당시 시아버지는 이미 10년째 파킨슨병 투병 중이셨다. 앞으로 점점 더 상태가 악화될 거라 해서 가족 모두 걱정하던 상황이었다. 아버님의 저녁 약 복용 전 저녁 식사 시간을 챙기는 것이 중요했고, 나를 기다리느라 식사가 늦어지는 일이 많아 부담감에 짓눌렸다. 그러다 시아버지를 간호하며 무리를 한 끝에 허리를 다치고 말았다. 디스크 진단을 받고 병원에 입원했다. L2부터 L7까지 손상된 디스크, 신경 통증으로 일상생활이 불가능해졌고, 장시간 앉아 있는 것도 힘들어 결국 어렵게 복귀했던 회사를 다시 쉬어야 했다.

시어머니는 식사, 청소, 빨래 등 모든 집안일에 대해 불만을 쏟아냈다. 내가 빤 옷은 믿지 못하겠다며 빨랫줄에 널어둔 것을 다시 세탁기에 넣고, "이게 뭐가 잘 갠 거냐"라며 빨래를 풀어헤치더니, 다시 처음부터 반듯하게 개라고 호통치기도 했다. 내가 지은 밥이 마음에 들지 않는다며 밥솥에 물을 더 부어

넣기도 했고, 외식 자리에서는 음식을 적게 시켜 내가 먹을 것은 거의 남기지 않았다. "넌 원래 적게 먹잖아?"라고 말하며 항상 마지막 남은 것을 내 몫으로 주었다.

허리 통증으로 움직이기 힘들어도 열심히 살림을 했다. 하지만 돈도 안 벌면서 집안일도 못 한다며 몰아세우는 말에 나는 점점 작아졌다. 발소리를 내지 않으려 살금살금 걸었고, 눈에 띄지 않기 위해 조심히 움직였다. 따뜻한 가정에서 사랑받으며 자라온 내게 시집 공기는 너무도 차갑고 낯설었다.

무엇보다 서러운 건, 내 고통을 누구에게도 말할 수 없다는 것이었다. 아빠가 전화를 걸어와 "잘 지내지?"라고 물을 때면 울컥하는 마음을 애써 눌러야 했다. "잘 지내고 있어."라고 말하면서 입술을 깨물었고, 전화를 끊은 뒤에야 틀어막은 입을 열고 눈물을 쏟았다. 부모님이 알게 되면 더 마음 아파할까 봐 모든 고통은 나 혼자 삼켰다.

어느 날은 고열이 올라 정신이 혼미할 정도로 아팠다. 남편이 날 병원에 데려가려 했지만, 시어머니가 현관을 막아섰다. "병원에 자꾸 가니까 낫질 않는다. 면역을 키우려면 지금 참아야 해."라고 말했다. 나는 절망했다. 한계까지 몰린 몸과 마음으로 이불 속에서 식은땀을 흘리며 그 밤을 견뎠다.

이 집을 벗어나야 한다. 남편도, 이 집도, 다 싫다. 이곳을 떠날 수 있다면 뭐든 하겠다. 내 안에 오기가 생겼다. 다시 싸우기로, 나를 되찾기로 결심했다.

매일같이 이혼을 요구하며 남편을 흔들었고, 남편 역시 더는 이 상황을 버틸 수 없다며 분가를 결정했다. 처음엔 남편을 신뢰하지 않았지만, 그가 시어머니 앞에서 내 편을 들고, 당신이 얼마나 힘들었는지 이제야 알겠다며 손을 잡아주자 마음이 조금씩 움직였다.

분가는 결코 쉽지 않았다. 분가 이야기를 꺼내자, 시어머니는 강하게 반대했고, 곧 차가운 방식으로 불쾌감을 드러냈다. 한겨울, 우리가 사용하는 방의 보일러를 꺼버렸다. 천식이 있는 내게 그 추위는 생명의 위협이었다. 입김이 나오는 방 안에서 기침을 하며 이를 악물고 버텼다.

시어머니는 점점 더 날카로워졌고, 내 존재 자체를 부정당하는 듯한 날이 계속되었다. 웃는 모습을 보이면 뭐가 그렇게 좋냐며 핀잔을 줬고, 우울해 보이면 사람이 왜 그렇게 기운이 없냐며 나무랐다. 어떤 표정을 지어도, 어떤 태도를 취해도 문제였다. 하루에도 몇 번씩 부딪히는 일상이 이어졌고, 나는 매일 숨을 죽이고 살았다.

그렇게 우리는 어렵사리 집을 구했고, 마침내 분가를 하게 되었다. 단순히 집을 옮긴 것이 아니었다. 처음으로 '살 수 있겠다'라는 마음이 들었다. 더는 새벽 5시에 눈을 뜨지 않아도 되었다. 발소리를 죽이지 않아도 되는 공간, 자유를 되찾은 시간이었다. 따뜻한 집에서 커튼을 열고 햇살을 맞으며 마시는 차 한 잔, 그 사소한 일상이 얼마나 큰 위안이 되는지 깨달았다. 그렇게 나는 조금씩 숨을 고르며 삶을 되찾았다.

하지만 예상치 못한 또 다른 고비가 찾아왔다. 분가 후 얼마 지나지 않아 남편이 말했다. "이제 분가도 했고, 좀 살 것 같아. 그래서… 나 당분간은 일을 좀 쉬고 싶어." 남편은 학교에서 근무 중이었고, 학교 방침 변화로 잠시 휴식기를 가질 수 있는 상황이었다.

결혼하자마자 이어진 시집과의 전쟁, 어렵사리 이뤄낸 분가… 이제야 겨우 숨을 돌린다고 생각했다. 그런데 남편이 일을 쉬겠다고 하니 또다시 벼랑 끝에 선 기분이었다. 이 고비를 또 어떻게 견뎌야 할지 막막했다.

하지만 이번에는 달랐다. 나는 고통의 시간을 통과하며 단단해졌다. 흔들리긴 했지만, 중심을 잃지는 않았다. '이 상황을 해결할 수 있는 사람은 결국 나 자신이야. 나는 반드시 다시 일어설 수 있어.' 그렇게 마음을 다잡았다.

삶의 예측할 수 없는 파도 속에서 중심을 지키는 법을 배웠고, 끝까지 포기하지 않는 자만이 결국 해답을 얻는다는 진실을 몸으로 익혀가고 있었다.

누구도 내 삶을 대신 살아줄 수는 없다. 내가 원하는 삶을 만들어가기 위해서는 내가 먼저 나를 믿고, 내 선택을 신뢰해야만 했다. 그래서 또 한 번, 포기 대신 가능성을 선택했고, 좌절 앞에서는 새로운 방법을 모색했다.

끝나지 않을 것만 같던 고난 속에서도, 나는 결국 해답을 만드는 사람이 되어가고 있었다. 그것은 단지 살아남는 것이 아닌, 진짜 나다운 삶을 되찾기 위한 새로운 출발이었다.

2장
누구도 응원하지 않을 때, 나는 나를 믿는다

남편이 휴직을 선언하자, 나는 더는 기다릴 수 없다는 생각이 들었다. 은행을 그만둔 채 분가를 한 지금, 다시 복귀한다고 해도 두 사람 몫의 생활비와 곧 태어날 아이까지 책임지기엔 턱없이 부족해 보였다.

지금 나서야 했다. 몸이 아직 자유로운 지금, 아이가 태어나기 전에 무언가를 시작하지 않으면 안 된다는 생각이 강하게 밀려왔다. 그렇게 나는, 새로운 일을 시작하기로 결심했다.

어떤 일을 할까 찾던 도중 사용하던 화장품이 다 떨어져서 담당 컨설턴트에게 연락했다.

그녀는 압구정에 있는 본사 매장 방문을 제안했다. 피부 상태를 점검하고, 피부에 맞는 샘플을 증정하는 이벤트도 진행 중이라고 했다. 피부 상태를 점검해 준다는 말에 호기심이 생겼고, 압구정 매장은 어떤 모습일까 궁금하기도 해서 방문해 보았다.

매장에 들어서자 기대를 훨씬 뛰어넘는 풍경이 눈앞에 펼쳐졌다. 핑크빛으로 가득한 공간에 아기자기한 소품들, 익숙한 화장품과 신제품 들이 나를 반겼다. 모든 제품을 직접 써볼 수 있었다. 무엇보다 눈에 띈 것은 화장품을 판매하는 컨설턴트의 생기 넘치는 눈빛이었다. 깔끔하고 세련된 옷차림에 커다란 코르사주를 단 그녀들은 움직일 때마다 은은한 향수 냄새를 풍기며 마치 영화 속 장면처럼 세련된 분위기를 자아냈다.

그 순간 문득 '이런 향수를 뿌리고 다녔던 적이 언제였더라?' 하는 생각이 스쳤다. 부모님과 함께 살던 시절에는 원하는 것을 다 누리며 살았지만, 지금은 물건 하나를 살 때도 가격표부터 확인해야 하는 순간마다, 마음 한 켠이 쓸쓸하고도 서러웠다.

담당 컨설턴트는 내 피부 상태를 꼼꼼히 점검해 주었고, 메이크업도 해주었다. 그날 밤, 화장이 지워질까 얼굴에 손을 대지 않고 거울 앞에서 셀피를 수십 장 찍었다. 화장품을 판매하는 일이 단순히 제품을 파는 것을 넘어, 사람의 마음을 어루만져 주는 일이라는 생각이 들었다. 그녀들은 그냥 판매원이 아니라, 사람들에게 자신감을 선사하는 전문가였다.

이 일을 내가 해 보면 어떨까? 하지만 현실은 그리 간단하지 않았다. 이런 멋진 일을 하고 싶다는 마음이 들었지만, 정작 내가 할 수 있을까 하는 의구심이 먼저 들었다. 스스로 자신감을 가지지 못한 상태에서, 나는 못할 거야, 나는 안 될 거라는 생각이 자꾸만 떠올랐다. 그렇게 마음 한편에 메리케이 비즈니스를 품고, 또 다른 한편으로는 이력서를 넣고 일자리를 찾아다녔다.

압구정 매장 방문 후 몇 달이 지나자, 여드름으로 뒤덮였던 내 피부는 점차 진정되어 맑고 매끈해졌다. 주변 사람들도 내 피부 변화를 알아봐 주었다. "언니, 피부가 너무 좋아졌어요." "요새 무슨 관리받는 거야? 얼굴에서 광채가 나더라." 이런 칭찬을 들으니 용기가 났다. 나는 담당 컨설턴트에게 다시 연락했다. "메이크업 클래스를 신청해 보고 싶어요."

사실, 메이크업 클래스는 핑계였다. 메리케이 비즈니스를 알고 싶다고 말하고 싶었지만, 부끄러운 마음이 들어 메이크업 클래스를 핑계 삼아 그녀를 만나러 갔던 것이다.

그날, 컨설턴트는 먼저 제안을 했다. "우리 비즈니스와 너무 잘 어울릴 것 같아요. 어떤 일을 하시나요? 같이 일해보는 건 어때요?" 마음속에서는 오예! 대박! 하고 외쳤지만, 겉으로는 침착하게 "생각해 볼게요. 제안 감사합니다."라고 대답하고 집으로 돌아왔다. 그리고 며칠 후, 엄마에게 이 일을 해 보고 싶다고 말했다.

"엄마, 나 메리케이 쓰는 거 알지? 나 본격적으로 메리케이 비즈니스를 시작하고 싶어. 구직 중이있잖아. 이 일을 하면 돈도 벌고, 여러 혜택의 기회도 누리고, 화장품도 싸게 살 수 있대."

그때 엄마의 표정을 아직도 잊을 수 없다. 마치 무너진 듯한, 믿고 있던 무언가를 송두리째 잃은 사람처럼 보였다. 실망과 상실감, 충격이 뒤섞인 얼굴이었다.

엄마는 한동안 말을 잇지 못하더니, 떨리는 목소리로 말했다. "내가 너를 어떻게 키웠는데… 지금 화장품을 팔러 다니겠다는 거야?" 그 목소리엔 단순한 반대가 아닌, 딸에게 느낀 깊은 실망과 분노가 가득 담겨 있었다. 마치 나를 전혀 다른 사람으로 느낀 듯한, 차가운 거리감이 묻어났다. "세상 사람들이 다 한다 해도, 너는 절대 못하는 게 바로 영업이야. 뭘 좀 알고 얘기해!"라는 말에 나의 용기는 산산이 부서졌다. 엄마는 계속해서 "가족들이 팔아주겠지, 교회에서 팔아주겠지 기대하는 것 같은데, 우리 집은 앞으로 그 화장품 안 쓸 거니까 기대하지 마!"라고 단호하게 말했다.

그 후로 엄마는 정말로 집 안의 모든 화장품을 다른 브랜드로 바꿔버렸고, 외갓집도 마찬가지였다. 엄마가 아빠에게는 말도 꺼내지 말라고 해서, 나는 결국 아빠에게는 메리케이를 시작하겠다는 말을 못했다. 그렇게 나는, 그 누구의 응원도 없이 온 가족의 반대 속에서 처절하게, 나의 비즈니스를 시작하게 되었다.

화장품 비즈니스는 초기 자본이 필요하다. 남편은 수입이 없었고, 나는 하루라도 빨리 돈을 마련해야 했다. 고민 끝에 결심한 것이 보험 일이었다. 마음은 메리케이에 있었지만, 지금 당장 자본금을 마련해야 했기에 어쩔 수 없었다.

보험 일을 시작하면서 나는 그야말로 맨몸으로 뛰기 시작했다. 처음엔 지하철과 버스를 타고 낯선 지역을 찾아다니며 고객을 만났다. 주소만 달랑 적혀 있는 종이를 들고, 스마트폰 내비게이션에 의지해 골목골목을 헤매기도 했다. 고객의 집이 어딘지 몰라 길을 따라 한참을 올라갔다가, 길이 막혀 다시 돌아 나오기를 반복했다.

어떤 날은 언덕 위에 있는 고객 집을 가는 길이 너무 가팔라 숨이 턱 막혔고, 돌아오는 길에는 비탈길에서 발을 헛디뎌 그대로 엉덩방아를 찧고 말았다. 그 순간, 쿵! 하고 배에 충격이 전해졌고, 나는 본능적으로 배를 감싸 안았다. 아이가 괜찮은지 걱정되어 가만히 귀를 기울였지만, 움직임이 느껴지지 않았다. 가슴이 철렁 내려앉았다. 그 후로 길을 걸어오며, 나는 혼잣말로 배를 어루만졌다. "아가야, 괜찮니? 엄마가 넘어졌어… 너도 많이 놀랐지? 엄마가 더 조심할게… 정말 미안해." 눈물이 터질 듯 목이 메었지만, 꾹 참고 아이를 다독이며 한 걸음씩 걸었다. 지금 돌아보면, 그 순간들 또한 내가 엄마가 되어가고, 또 강해지고 있었던 시간이지 않았을까 싶다.

상담이 있는 날에는 늘 사무실 한편에서 프레젠테이션을

혼잣말로 연습했다. 내가 전하고자 하는 말을 더 효과적으로 전달하고 싶어서, 고객의 상황에 맞는 제안서를 손으로 쓰고, 거울 앞에서 표정을 연구하고, 목소리 톤도 바꾸며 반복했다. 아무도 보지 않는 공간을 무대처럼 여기며 집중했다. 그 작은 연습들이 쌓여, 실제 상담에서는 한결 자신 있게 말할 수 있었다.

그 시기에는 하루를 버텨내는 것 자체가 전투였다. 하루에 삼각김밥 하나, 보름달 빵 하나로 끼니를 때우며 일했다. 지하철 안에서 눈치를 보며 작은 바나나우유를 홀짝이며 마음속으로는 '이 돈도 아껴야 해.'라고 되뇌었다. 번 돈은 모두 저축했고, 내가 가진 건 오직 의지뿐이었다. 일주일을 만 원으로 살겠다는 목표를 세우고, 그 안에서 생존하기 위해 모든 지출을 조심스럽게 계산했다. 몸은 약해졌지만, 마음은 오히려 단단해졌다.

그 모든 과정을 지켜보던 지점장님은 내게 따뜻한 한 끼 식사를 건넸다. "엄마가 잘 먹어야 아이도 건강하지." 그 말이 무너질 뻔한 나를 일으켜세웠다. 거의 매일 저녁, 지점장님은 동료들과 함께 밥을 먹을 수 있도록 챙겨주었다. 도시락을 사주거나, 회식 대신 김밥 집으로 데려가 함께 따뜻한 식사를 먹게 했다. 그 시간들이 있었기에 나는 끝까지 버틸 수 있었다.

보험 고객을 만날 때마다 메리케이 샘플을 함께 전했다. 동료들에게도 신제품을 발라주며 새로 익힌 예뻐지는 법을 알려주었다. 회사엔 항상 제일 먼저 출근해 이달의 주력 상품을 체크하고, 상품 프레젠테이션을 녹음해 고객에게 더 이해하기 쉬운 방식으로 설명하려고 노력했다.

고객 약속이 없는 날에는 메리케이 샘플과 보험 자료를 가방에 가득 넣고 가락시장과 주변 상점을 돌았다. 보험을 상담하러 간 자리였지만, 화장품에 관심을 보이는 고객에게는 자연스럽게 메리케이를 소개했고, 샘플을 건네며 스킨케어 약속을 잡기도 했다. 그렇게 나는 점점 '나에게 더 맞는 길'을 향해 방향을 잡아가기 시작했다. 목표를 정하자, 타겟도 선명해졌고, 내 방식대로 고객과의 만남을 쌓아갔다.

이러한 노력은 실적으로 이어졌다. 지점의 실적표에는 모든 직원의 이름과 점수가 나와 있었고, 내 이름 옆의 빨간 막대그래프는 언제나 위로 솟아 있었다. 1등으로 불리던 '여왕' 다음에 내 이름이 있었다. 매달 점수를 확인할 때마다, 나는 해내고 있다는 묵직한 뿌듯함을 느꼈다. 누구도 응원해주지 않았지만, 나 자신을 믿고 여기까지 걸어온 내가 자랑스러웠다.

나는 임신 중이었고, 번 돈은 모두 남편에게 보내 아이의 미래를 위해 저축했다. 하루하루가 고단했고, 두 가지 일을 병행하느라 몸은 늘 피곤했지만, 그 시기를 나는 '고통'이 아닌 '준비'라고 믿었다. 계단을 오르내릴 땐 "운동 된다, 출산에 도움되겠지."라고 되뇌었고, 보험 상담을 할 때는 "우리 아이도 엄마 뱃속에서 공부하겠네, 똑똑하겠다."라며 혼자 웃었다. 화장품을 설명할 때, 포스팅용으로 혼자 셀프 촬영을 할 때는 "이

제품 쓰면 아이 피부도 좋아질 거야."라고 속삭이듯 말하며, 스스로를 응원했다.

그 시기는 분명 힘든 시절이었지만, 이상하게도 나는 '힘들다'고만 생각하지 않았다. 나는 매일 나를 다독였고, 오늘도 뭔가를 해냈다는 작고 단단한 기쁨으로 하루를 마무리했다. 아이를 위한 길이라고 믿었기에, 그 어떤 노력도 아깝지 않았다.

지금 돌아보면, 그 시간은 내게 아픔이기도 했지만 동시에 누구보다 치열하게, 그리고 따뜻하게 살았던 시간이었다.

자신에게 긍정적인 생각을 허락하자.
스스로를 믿고 더 나은 길을 찾을 수 있다는 믿음이
성공의 씨앗이 된다.

3장

나는 아이를 지켜낸
대한민국의 엄마다

아이가 찾아온 걸 처음 알게 되고, 그 존재를 온전히 실감하게 되었던 임신 초기의 기억이다. 임신 사실을 알게 된 건 분가를 막 이뤄냈을 무렵이었다. 이제는 진짜 내 삶을 시작할 수 있다는 희망이 조심스레 피어오르던 순간. 어느 날 병원에서 들려온 아기의 존재를 알리는 소식은 나의 일상을 완전히 바꿨다.

처음으로 초음파 검사를 한 날, 작은 심장 박동이 콩콩콩 울려퍼지자 말로 설명할 수 없는 전율이 온몸을 감쌌다. 내 안에 생명이 있다는 사실이 믿기지 않을 만큼 신기했고, 그 조그마한 박동 하나가 내 세상을 살아 움직이게 했다. 매 순간을 버티게 했던 이유가 그 소리에 있음을 직감했다.

그런데 사실, 나는 아이를 좋아하는 편이 아니었다. 유치원 교사 시절에도 아이들이 예쁘긴 했지만 늘 감당하기 어려웠다. 그런 내가, 그 작은 박동 소리에 울컥하며 눈시울을 붉히다니… 나 자신도 놀라울 만큼 큰 변화였다. 하지만 그 기쁨은 오래가지 않았다.

임신 4주 차에 접어들었을 때 대상포진 진단을 받았다. 병원에서는 "아이를 포기하세요."라고 망설이지 않고 말했다. 다른 병원에서도 같은 말을 반복했다. 태아가 건강하게 자랄 가능성이 적고, 장애를 안고 태어날 확률이 높다며 의료진은 치료를 위해 임신을 이어가지 않는 편이 좋겠다고 조심스럽게 권했다.

불안감에 휩싸여 병원 복도 한쪽에 앉아 아기의 심장 소리를 떠올렸다. 그 조그만 박동이 내게 말을 걸고 있는 것만 같았다. "엄마, 나 여기 있어. 나 살아 있어." 나는 결심했다. 이 아이를, 어떤 일이 있어도 지키겠다고.

그 결심이 시댁에 전해지자, 반대와 압박은 예상보다 훨씬 더 차가웠다. "뭘 믿고 그렇게 고집을 부리냐." "아이가 건강하지 않게 태어나면 책임질 수 있느냐." "아이 때문에 네 인생을 망칠 셈이냐." 차가운 말들이 줄줄이 쏟아졌다. 특히 시어머니는 단호했다. "아이가 건강하지 않으면 너는 이 집안에서 쫓겨날 거야."

나는 병원들을 전전하며 출산을 도와줄 곳을 찾았다. 동네 산부인과부터 대학병원, 유명 병원까지. 거절과 경고를 수없이 들으면서도 포기하지 않았다. 그리고 마침내 어느 대학병원에서 한 의사가 내 눈을 바라보며 말했다.

"산모님이 원한다면, 함께해 봐요. 그런데 건강하게 태어난다는 보장까진 드릴 수 없습니다."

그래도 괜찮았다. 그 한마디는 내게 큰 희망이 되었다.

사실 대상포진의 고통은 말로 다 할 수 없었다. 마치 살갗 위에 바늘 수천 개가 동시에 박히는 것 같은 고통이 불시에 몰려왔고, 온몸을 휘감는 화끈거림은 잠조차 허락하지 않았다. 약도 쓸 수 없었다. 임신부에게 위험하다는 이유로 진통제도, 연고도 금지였다. 의사의 말은 언제나 같았다. "견디셔야 합니다." 그 고통 속에서 나는 웅크린 자세로 버티며 눈물로 하나님께 매달렸다. 피부가 타오르듯 아팠지만 고통은 중요하지 않았다. 고통은 견디면 지나간다. 하지만 아이는 포기하면 다시는 돌아오지 않는다는 사실은, 그 어떤 아픔보다 무겁게 다가왔다. 그래서 나는 선택했다. 내 몸이 무너져도 좋으니 아이만은 포기하지 않겠다고. 그 결심 하나로 버티고 또 버텼다.

출산 예정일이 다가오자, 주위의 불안은 극에 다다랐다. 의사조차 내게 "정말 괜찮겠어요?"라고 물었다. 나는 단호하게 고개를 끄덕였다. 어떤 모습으로 나오든, 내 아이는 내가 지킬 존재였다.

마침내, 분만실에서 아이가 태어났다. "산모님, 남아, 3.34킬로그램, 건강합니다!" 그 말을 듣는 순간, 모든 불안과 두려움이 무너져내렸다. 눈물이 왈칵 쏟아졌다. 얼마나 많은 기도를 했던가. 얼마나 많은 밤을 아이를 품고 버텨왔던가. 나는 해냈다. 두려움 끝에 맞이한 기적, 절망 끝에서 지켜낸 생명. 그 순간만큼은 세상이 다 내 편이 되어주는 것 같았다. 아이의 첫 울음소리가, 내 인생 전체를 환하게 밝혀주는 듯했다.

아이는 작은 몸짓으로 나를 바라보았다. 힘없이 감겼다 뜨는 눈꺼풀, 손가락을 꼬물거리며 발버둥치는 그 모습이 얼마나 사랑스럽고 신기하던지. 작디작은 그 생명이 나와 함께 버텨냈다는 사실이 믿기지 않았다. 배 안에서부터 나를 붙잡고 있었던 아이, 그 눈빛 하나가, 말보다 더 많은 것을 전해주고 있었다.

"엄마, 나 여기 있어요. 고마워요."

아이와의 첫 만남은 내 인생 가장 찬란한 순간이다. 그 눈빛을 마주한 순간, 나는 이 세상 어떤 말보다도 강한 확신을 얻었다.

세상이 나를 말려도, 아무도 내 편이 되어주지 않아도 나는 내 아이를 지켜냈다. 그것은 기적이었고, 축복이었다. 그리고 내 인생에서 가장 강력한 선언이었다. 나는 끝까지 지켜낸 나 자신이 자랑스러웠고, 아이를 품게 해준 삶에 감사했고, 그 순간이 감격스러웠다.

이제 나는 분명하게 말할 수 있다. 나는, 내 아이를 지켜낸 대한민국의 엄마다. 그리고 그 사실 하나만으로도, 나는 이미 충분히 강하고, 위대한 사람이다.

4장

어둠 속에도
빛은 존재한다

고등학교를 졸업한 후, 친구들과 재미 삼아 잠시 세일즈 아르바이트를 한 적은 있었지만, 본격적으로 세일즈를 해 본 경험은 없었다. 그래서 처음에는 숱한 실패를 겪을 수밖에 없었다. 지금 생각해 보면, 과연 그때로 돌아가 세일즈를 시작했을까 싶기도 하다. 하지만 당시 나는 임신 중이었고, 남편이 일을 쉬고 있었으며, 생계를 책임져야 했다. 물러설 곳이 없었기에 포기할 수 없었다. 매일 아침 힘겹게 일터로 나서야만 했고, 도전을 멈출 수 없었던 것은 바로 그 절박함 때문이었다.

메리케이 비즈니스를 본격적으로 시작하기 전, 나는 보험일을 병행하며 임신 중에도 하루하루 치열하게 움직였다. 아이가 태어나기 전에 기반을 다져야 한다는 절박함이 나를 밀어냈다. 그렇게 달리며 쌓은 시간들이, 이후 내 비즈니스의 중요한 밑거름이 되었다.

처음에는 그저 샘플을 나눠주는 방식으로 접근했지만, 곧 그것이 비효율적이라는 것을 깨달았다. 이후 고객 한 명 한 명의 피부 상태와 선호도를 세심하게 기록하고, 필요할 때 맞춤형 솔루션을 제안하는 전략으로 바꾸었다. 이 과정을 통해 고객과의 신뢰가 깊어졌고, 재구매로 이어졌다.

또한, 거래명세서를 활용해 고객의 구매 기록을 철저히 관리하며, 다음에 필요할 제품까지 미리 파악했다. 이를 통해 고객의 요구를 이해하고 맞춤형 서비스를 제공할 수 있었다. 나는 회사에서 제공하는 프로모션에 의존하지 않고, 각 고객에게 맞는 맞춤형 프로모션을 제작해 개별적으로 홍보했다. 이러한 개인화된 접근은 전체 메시지를 발송하는 것보다 훨씬 더 효과적이었으며, 고객들이 나를 주변 사람들에게 추천하는 결과로 이어졌다.

당시에는 SNS 비즈니스 활용이 흔하지 않았다. 나는 블로그와 카카오스토리를 통해 일상과 제품 사용 경험을 자연스럽게 공유하며 고객들과 공감대를 형성했다. 실생활에서의 경험을 통해 신뢰를 쌓았고, 특히 아이를 키우는 엄마로서의 이야기를 제품과 연결해 고객들에게 공감을 이끌어냈다. 그 덕분에 고객들은 나를 더 쉽게 기억하게 되었고, 이는 나의 비즈니스 성공에 큰 역할을 했다.

숱한 실패와 좌절을 겪기도 했다. 임신 5개월 차 무렵, 새로운 지역을 개척하던 중에 한 당구장 사장에게 100만 원 이상의 제품을 판매한 날이 기억에 남는다. 그날은 기쁨으로 가득 차 집에 돌아왔지만, 돈을 쓸 생각은 없었다. '이건 아이를 위해 저축해야지' 마음먹으며, 밥에 카레와 김치만 소박하게 차려 앉았다. 그런데 막 숟가락을 들려던 그때, 전화 한 통이 울렸다. 당구장 사장의 동생이었다. "이 싸구려 화장품, 당장 와서 가져가요. 환불해주세요." 버스를 타고 한 시간을 돌아온 끝에 겨우 앉은 자리였다. 나는 우리 제품이 우수하다는 점을 설명하려 애썼지만, 상대는 들으려 하지 않았다. 그날의 기쁨은 그렇게 순식간에 무너졌고, 차디찬 현실이 속을 꾹 눌러앉혔다.

　떨리는 마음으로 다시 그곳에 갔을 때 제품은 이미 모두 개봉된 상태였다. 회사 규정상 개봉된 제품은 반품이 불가하다는 점을 설명했지만, 상대방은 "어차피 화장품 영업을 계속할 거니까 테스트용으로 쓰면 되지 않느냐"라며 나를 몰아세웠다. 떨리는 손으로 100만 원이 넘는 돈을 돌려주고 오는 길, 버스 안에서 참아왔던 눈물을 쏟으며 서럽게 울고 말았다.

　며칠 동안 방 안에 틀어박혀 우울해하던 중, 남편이 다가와 무슨 일이 있었냐고 물었다. 나는 엉엉 울며 그간의 일을 털어놓았다. 남편은 "몸도 무거운데 힘들었겠다."라며 위로해 주었고, 자신이 무능해서 이런 일을 겪게 한 것 같아 미안하다고 말했다. 그러면서, "당신은 더 크게 성장할 거다. 하나님이 당신과 함께하시니 분명히 잘될 거다."라며 격려해 주었다. 하지만 나를 다시 일으켜 세운 건, 그 말만이 아니었다. 배 속에서 열심히 자라고 있을 아이를 생각하니 눈물이 더 쏟아졌다. '이렇게 주저앉을 수는 없어. 아이가 태어날 날도 얼마 남지 않았잖아.' 나는 마음을 다잡았다. 다시 한번 해보자. 다시 시작하자. 엄마니까. 끝까지 해낼 수 있다.

임신 8개월 차에는 이런 일이 있었다. 고객을 만나기 위해 급하게 길을 나섰고, 그날은 평소라면 절대 가지 않았을 육교 앞에 서 있었다. 나는 고소공포증이 있어 육교 같은 높은 구조물을 오르는 걸 무서워했지만, 멀리 돌아가는 것보다 이 길이 훨씬 빠르기에, 마음이 급했던 나는 결국 육교를 오르기 시작했다. 처음엔 조심조심 계단을 오르며 '조금만 참자'라고 스스로를 다독였다. 하지만 어느 순간, 내가 꽤 높은 곳까지 올라와 있다는 걸 인지한 순간, 몸이 그대로 얼어붙었다. 다리는 말을 듣지 않았고, 손발이 사정없이 떨리기 시작했다. 내 시야에는 아래 허공이 들어왔고, 위도 아래도 볼 수 없는 그 중간 지점에서 나는 올라갈 수도, 내려갈 수도 없는 상황이 되어버렸다. 결국, 서 있는 것도 불가능해져 그대로 철제 계단 위에 주저앉아 버렸다. 누가 보든 말든, 눈물이 터졌다. 무서움과 창피함, 당혹감이 뒤섞여 아무 생각도 들지 않았다. 그 순간, 누군가 다가와 내 손을 꼭 잡았다. 지나가던 아주머니였다. 아주머니는 "아기 엄마는 뭐가 되어도 될 사람이네. 힘내요, 다 잘될 거예요."라며 육교를 건너는 동안 격려의 말을 해주었다. 육교를 내려오자마자 바로 보이는 편의점에서 빵과 바나나우유도 사주었다. '과연 내가 이 상황이었다면 이렇게까지 남을 도울 수 있을까?'라는 생각이 들었고, 낯선 나를 이렇게까지 도와준 그분의 따뜻한 마음에 깊은 감동을 받았다.

또 한번은 과일가게에서 제품을 홍보하다가, 임신 중인 내 모습을 본 사장님이 사과와 귤을 챙겨준 적이 있다. 그는 "키위는 먹고 있느냐, 이게 아기에게 좋다."라며 키위 몇 개를 더 넣어주었다. 나는 일주일을 만 원으로 버티며 절약에 힘쓰고 있었기에, 그 작은 배려가 가슴 깊이 큰 울림으로 다가왔다. 어쩌면 그때의 키위 한 알은, 단순한 과일이 아니라 내게 '당신도 소중한 존재예요'라고 말해주는 위로였는지도 모른다.

처음에는 돈을 벌기 위한 생계의 수단으로 시작했지만, 시간이 지날수록 일을 하며 세상을 바라보는 눈이 달라졌고, 삶에 감사하는 마음을 배우게 되었다. 실패는 두려워할 것이 아니라, 그 속에서 배우고 다시 일어서는 기회라는 것을 깨달았다.

"실패하더라도 다시 일어서면 된다. 포기하지 말자." 이 말은 그냥 다짐이 아니라, 내가 수많은 좌절 속에서 직접 깨달은 진리다. 실패를 겪을 때마다 반드시 얻는 것이 있다는 사실을 경험했다. 실패는 끝이 아니라 또 다른 시작이고, 그 경험을 통해 나 자신을 더 단단하게 만들 수 있었다.

세일즈는 인생을 더 깊이 이해하고 감사하는 마음으로 살아가는 법을 가르쳐주었다. 물건을 파는 일이 전부인 줄 알았던 시작은 결국 나 자신을 성장시키고, 더 넓은 세상을 보게 만든 여정이었다. 내 비즈니스가 점점 더 행복해지는 이유는 단순히 성공의 결과 때문만이 아니다. 그 안에서 끊임없이 배우고, 넘어지고, 다시 일어서는 과정 속에서 나는 진짜 '나'를 만나고 있었기 때문이다.

그래서 나는 여러분에게 꼭 말하고 싶다. "실패를 두려워하지 말고, 포기하지 마세요. 실패는 끝이 아니라 또 다른 시작일 뿐입니다. 그 속에서 우리는 배우고, 단단해지고, 결국 자신 안에 숨겨져 있던 '이겨낼 수 있는 힘'을 발견하게 됩니다. 그것이 바로, 당신의 진짜 성공을 여는 열쇠가 될 것입니다."

회복 탄력성,
쓰러져도 다시 일어나는 용기의 힘

힘들고 어려울 때 내가 가장 많이 키워왔던 것은 바로 회복 탄력성이다. 회복 탄력성은 역경을 견뎌내는 것 이상의 의미를 지닌다. 이는 스트레스나 고난을 겪고도 원래 상태로 돌아가거나, 오히려 더 나아진 상태로 성장할 수 있는 힘이다. 이 힘은 단지 세일즈를 잘하기 위해 필요한 것이 아니다. 아이부터 어르신까지, 삶을 살아가는 우리 모두가 반드시 지녀야 할 중요한 자질이다.

누구에게나 삶은 시련과 도전으로 가득하다. 아이는 학교에서 작은 갈등을 겪으며 좌절을 배우고, 청년은 진로와 관계에서 오는 어려움으로 고민하며, 어르신은 인생 후반기에 마주하는 크고 작은 문제로 고뇌한다. 회복 탄력성은 이러한 모든 상황 속에서 나를 보호하고, 다시 일어설 수 있는 힘을 제공한다. 연령이나 상황에 관계없이, 삶의 모든 단계에서 필요한 필수적인 능력이다.

내가 메리케이 세일즈를 하며 가장 크게 깨달은 것도 바로 회복 탄력성의 중요성이었다. 보험 세일즈를 할 때보다 훨씬 많은 거절을 경험해야 했던 메리케이 세일즈는 쓰러져도 다시 일어나는 용기가 없다면 도저히 해낼 수 없는 일이었다. 처음에는 수많은 거절에 상처받고 주저앉을 뻔했지만, 나는 이 일을 통해 회복 탄력성을 몸소 배우며 점점 더 단단해질 수 있었다.

2012년과 2013년, 메리케이 그룹 내에서 다양한 강의를 들을 기회가 있었다. 그중에서도 회복 탄력성에 관한 강의는 나에게 특별히 와닿았다. 이건 정말 내게 필요한 내용이라는 생각이 들었고, 나는 강의에서 배운 내용을 삶에 적용하기 위해 부단히 노력했다. 특히 부족하다고 느낀 부분은 다이어리에 적어두고 하나씩 습관으로 바꿔나갔다.

습관을 바꾸는 데는 꾸준한 시간이 필요하다. 21일만 반복하면 습관이 형성된다는 '21일 법칙'이 널리 알려져 있지만, 이는 과학적 연구에 기반한 데이터는 아니다. 실제로 2009년 런던대학교의 필리파 랄리 박사가 발표한 연구에 따르면, 새로운 습관을 완전히 형성하는 데 걸리는 평균 시간은 약 66일이다. 이 연구는 사람들이 매일 같은 행동을 반복하면서 그것이 자동화되기까지 걸리는 시간을 측정한 결과, 18일에서 254일까지 걸릴 수 있음을 보여줬다. 사람마다, 그리고 행동의 난이도에 따라 필요한 시간이 달랐다.

66일 중에서 처음 21일은 새로운 행동을 시작하고 적응하는 시기이며, 그다음 21일은 이를 유지하려는 노력의 단계다. 마지막 24일은 행동이 자동화되어 더 이상 의식적인 노력 없이도 지속될 수 있는 안정화 단계다.

내가 회복 탄력성을 키우고 고객의 말을 경청하는 습관을 들이기 위해 매일 다이어리에 체크한 것도 바로 이 원리를 적용한 것이다. 하루하루 고객의 말을 온전히 듣고 경청하는 연습을 하면서 내가 할 말을 효과적으로 전달할 타이밍을 연구했다. 이는 상대방과 진정한 소통을 가능하게 하는 중요한 삶의 기술이었다.

습관 형성은 결코 쉽지 않지만, 꾸준히 실천하면 나를 변화시키는 강력한 도구가 된다. 나는 이 과정을 통해 고객과의 관계에서뿐만 아니라 삶의 여러 측면에서 긍정적인 변화를 경험할 수 있었다. 새로운 행동을 시작하는 데 필요한 것은 결심이고, 이를 지속하는 데 필요한 것은 회복 탄력성이라는 강한 내면의 힘이다.

회복 탄력성은 어떤 상황에서도 나를 지키고, 성장하게 만들어주는 내면의 강력한 무기다. 나는 메리케이 세일즈를 하면서, 그리고 그 이후의 삶에서도 이 능력을 통해 어려움을 극복하고 더 나아질 수 있었다.

　회복 탄력성은 세일즈에서만 유용한 게 아니다. 아이 학교에서 학부모회장을 맡았을 때도 큰 도움이 되었다. 다양한 의견과 갈등이 발생하기 마련인 집단에서는 회복 탄력성의 힘이 반드시 필요하다는 것을 실감했다. 세일즈에서는 고객의 거절이, 학부모회장으로서는 다양한 의견과 갈등이, 또 다른 집단에서는 예상치 못한 도전과 상황들이 나를 시험에 들게 했다. 하지만 나는 때로는 비난을, 때로는 오해를 마주하더라도 회복 탄력성 덕분에 마음을 다잡고 다시 일어설 수 있었다. 나를 무너뜨리는 말이 아니라, 내가 다시 서기 위한 연료로 삼을 수 있었던 건 바로 그 '내면의 힘' 덕분이었다.

　사람들은 도전의 결과가 좋지 않을 때 쉽게 일을 관두거나 마음의 문을 닫아버리곤 한다. 이런 상황에서 나를 지키고 다시 앞으로 나아가게 해주는 것이 바로 회복 탄력성이다.

　회복 탄력성은 나 자신을 사랑하고 보호하며 성장할 수 있는 용기와 힘이다. 그리고 나는 이 힘이 우리의 삶을 조금 더 행복하게 만들어준다고 믿는다. 오늘도 나는 이 힘에 감사하며, 이 메시지가 누군가의 마음에 닿아 또 다른 회복 탄력성을 키우는 씨앗이 되길 바란다.

　당신도 어떤 상황에서도 쓰러지지 않고 다시 일어설 힘을 가질 수 있다. 그 힘은 이미 당신 안에 있으며, 당신이 한 걸음 내디딜 때 비로소 빛을 발할 것이다.

실패를 극복하고 회복 탄력성을 키우는 체크 리스트

회복 탄력성은 성공의 열쇠다. 완벽함을 목표로 하는 대신, 실패해도 다시 일어설 수 있는 회복 탄력성을 기르는 것이 중요하다. 실패할 때마다 자신에게 질문을 던져라.

"이 실패에서 무엇을 배울 수 있을까?" 이러한 질문을 통해 자신을 되돌아보는 과정에서 우리는 더 나은 자신을 만들 수 있고, 미래의 성공을 위한 중요한 자산을 얻게 된다.

---

check list

☑ **실패의 원인을 분석하고 개선책 찾기**

실패를 좌절로 끝내지 말고, 그 원인을 철저히 분석하라. 무엇이 실패로 이어졌는지 고민하고, 다음에는 어떤 전략을 개선할 수 있을지 구체적인 계획을 세워라.

"실패의 이유는 무엇인가?"

"다음에 같은 상황이 발생하면 어떻게 대처할 것인가?"

☑ 실패 이후에도 계속해서 시도할 수 있는 이유 찾기

실패는 끝이 아니다. 다시 도전할 이유를 찾아라. 내가 목표로 하는 바가 무엇인지 다시 생각해 보고, 그 목표가 나를 어떻게 성장시킬 수 있을지 집중하라. 실패는 나를 더 강하게 만들어 줄 기회다.

"왜 나는 이 목표를 이루어야 하는가?"

"이 목표가 나의 삶에 어떤 긍정적인 변화를 가져올 것인가?"

☑ 실패에서 배운 교훈을 다음 프로젝트에 적용할 계획 세우기

실패는 교훈을 남긴다. 그 교훈을 흘려보내지 말고, 다음 프로젝트에서 어떻게 적용할지에 대해 구체적인 실행 계획을 세워라. 실패는 성공을 위한 중요한 디딤돌이 될 수 있다.

"이번 실패에서 얻은 가장 큰 교훈은 무엇인가?"

"이 교훈을 다음 도전에서 어떻게 활용할 것인가?"

ially
III

세일즈 성공 비법
메리케이 세일즈 퀸이 되다

1장
생생하게 꿈꾸면
반드시 현실이 된다

메리케이 비즈니스에서 디렉터 직급은 '꽃'이라 불린다. 회사가 제공하는 혜택이 만개한 꽃처럼 다채롭고 풍성하기 때문이다. '달리는 트로피'라 불리는 차량 프로모션, 해외여행, 사내 강사 트레이너, 세미나의 주인공이 되는 기회까지… 도전하고 달성하기만 하면 모든 혜택을 누릴 수 있다. 메리케이의 시스템과 혜택에는 원하면 이뤄낼 수 있다는 확신을 키워주는 힘이 있다.

'꿈의 회사'라 불리는 메리케이는 꿈을 구체화하고 시각적으로 실현할 수 있도록 다양한 훈련을 제공한다. 나는 이러한 환경 속에서 꿈을 생생하게 시각화하는 방법을 배웠다. 꿈을 명확하고 구체적으로 상상하며 마치 이미 이룬 것처럼 느끼고 믿기 시작했다. 그때부터 꿈이 현실로 이루어지기 시작했다.

본사 트레이너가 되는 것이 목표였을 때, 나는 그 꿈을 하루 단위로 나누었다. 매월, 매주, 매일, 그리고 오전과 오후로 세분화된 목표를 정하고 철저하게 실천했다. 강단에 서 있는 내 모습을 매일 아침과 저녁에 시각화하며, 그 목표를 현실로 끌어오듯 몰입했다.

힘든 날도 있었지만, '내가 갈 길이 어디인지' 분명히 알고 있었기에 멈출 수 없었다. 목표가 있었기에 두 배로 달렸고, 매 순간을 쪼개 쓰며 집중한 끝에, 결국 나는 본사 트레이너 과정에 선발되었다. 그리고 마침내, 전국 센터의 트레이너 리스트에 내 이름과 사진이 올라가는 꿈이 현실이 되었다. 꿈꿔왔던 목표를 달성한 순간은 곧 인생의 또 다른 전환점이 되었다.

꿈을 더 구체화하기 위해 잡지에서 이미지를 찾아 꿈의 지도를 만들고, 집 안 곳곳에 붙였다. 휴대폰 배경 화면, 거실, 방, 주방, 냉장고, 심지어 화장실까지… 시선이 닿는 곳에는 언제나 꿈의 지도가 있었다. 매일 아침 눈을 뜰 때와 밤에 감기 전까지 꿈을 떠올렸고, 점차 그 꿈들은 현실이 되어갔다.

목표가 생기면 에너지가 생겼다. 자신감이 차올랐고, 두려움은 작아졌다. 새로운 아이디어가 끊임없이 떠올랐고, 실패할 때마다 포기 대신 또 다른 방식으로 도전하며 나만의 길을 개척해 나갔다.

성공은 특별한 사람의 전유물이 아니다. 엄청난 재능이나 천재성보다 중요한 건, 평범한 일을 특별하게 해내는 꾸준함이다. 예습과 복습, 오답노트를 성실히 해낸 학생이 원하는 대학에 합격하듯, 세일즈도 마찬가지다. 수많은 실패를 통해 배우고, 그 배움을 바탕으로 다시 도전하는 사람이 결국 목표를 이룬다.

많은 성공자들은 이렇게 말한다. "연습은 장인을 만든다. 하지만 잘못된 연습은 잘못된 습관을 만든다."

무엇을 반복하느냐에 따라 우리의 습관이 만들어지고, 올바른 방향으로 꾸준히 연습할 때 그것은 결국 '성공'이라는 열매를 맺게 된다. 메리케이 비즈니스는 그런 올바른 연습의 장이었다. 그 과정에서 나는 정신적으로도, 물질적으로도 풍요로워졌고, 함께 성장하는 팀원들을 보며 진심 어린 보람을 느꼈다.

세일즈는 단순히 물건을 파는 일이 아니다. 세일즈는 사람과 사람 사이의 신뢰를 세우는 일, 자신을 세상에 당당히 드러내는 일, 그리고 삶의 방향을 바꾸는 용기 있는 선택이다.

나는 세일즈 하나만으로도 인생이 얼마나 극적으로 달라질 수 있는지를 온몸으로 체험했다. 세일즈는 '무(無)'에서 '유(有)'를 창조하는 힘이다. 그리고 그 안에서 배운 긍정적인 시선, 포기하지 않는 끈기, 타오르는 열정은 지금의 나를 만든 가장 확실한 자산이 되었다.

2장
자매와 함께한
성공 여정

내가 메리케이를 처음 시작했을 때, 동생은 대학에서 미술을 전공하고 유명 의류 회사의 패션 디자이너로 일하며 MD로 활약하고 있었다. 잘 다니던 은행을 그만두고 메리케이라는 회사의 뷰티 컨설턴트를 하겠다고 했을 때, 동생은 별 관심을 보이지 않았다.

하지만 시간이 지나고, 아이를 낳고 엄마로서의 삶을 살아가면서도 비즈니스를 병행하는 모습을 보며 동생이 뭔가를 느꼈나 보다. 어느 날 나에게 "언니와 함께 일해보고 싶어."라고 말하며 손을 내밀었다. 나는 기뻤다. 그렇게 우리 자매는 메리케이에서 함께 일하기 시작했다.

물론, 시작이 순탄한 건 아니었다.

내가 알려준 방법들이 있었지만, 동생 역시 처음부터 다시 시작해야 했다. 샘플을 나눠주며 고객을 만나고, 약속을 잡고, 거절당하고… 수많은 시행착오와 실패를 겪었다. 하지만 혼자가 아니었기에, 우리는 서로에게 큰 힘이 되었다.

기억난다. 버스 맨 뒷자리에 나란히 앉아 바나나 하나를 나눠 먹고, 혹은 삼각김밥 하나에 생수 한 병으로 끼니를 때우던 그 시절. 지금 생각해보면, 그렇게 힘들고 지쳤던 순간인데… 왜 그토록 즐겁고 행복했던 기억으로 남아 있는지 모르겠다. 서로를 의지하며 한 계단씩 올라가던 그 시간들이 쌓이면서, 우리 자매는 어느새 '자매 메리케이'로 불리기 시작했고, 회사 내에서도 눈에 띄는 성과를 내기 시작했다. 동생은 목표를 세우고, 계획대로 한 단계씩 성취를 이루었고, 결국 디렉터로 데뷔했다. 그리고 우리가 함께 목표했던 미국 달라스 본사를 방문하는 프로모션을 달성했다.

혼자 하던 비지니스를 동생과 함께하니 더 즐거웠다. 개척하는 일도, 교육을 받는 일도, 회사에서 주최하는 세미나에 참여하는 것도 함께라서 더욱 의미가 있었다. 우리 자매가 함께 다니면, 사람들은 "어릴 때는 나도 자매와 함께했지만, 이제는 각자의 가정을 돌보느라 이렇게 같이 다니지 못하는데… 보기 좋다. 서로에게 큰 힘이 될 것 같다."라며 부러워했다.

회사의 여행 프로모션이나 분기별 프로모션이 나올 때마다, 우리는 어떤 목표를 설정할지 고민하며 서로에게 힘이 되었다. 목표를 함께 세우고 달성하기 위해 노력하는 과정에서 우리는 인생의 동반자로서 깊은 행복을 느꼈다.

물론 세일즈는 보이는 것처럼 쉬운 일이 아니었다. 모든 것이 순조롭게만 이루어지지 않았고, 초기에는 여러 고민과 도전에 직면했다. 그럼에도 불구하고, 우리가 함께 그려왔던 꿈을 향해 나아가며 서로에게 든든한 버팀목이 되어줄 수 있다는 건, 참 감사한 일이었다.

나는 목표를 세우면 앞뒤 가리지 않고 몰입하는 성격이라, 몸을 돌볼 틈도 없이 달릴 때가 많았다. 일정을 쪼개고, 잠을 줄이고, 전국을 돌아다니며 사람들을 만나다 보니, 어느 순간 몸에서 신호가 오기 시작했다. 두통, 메스꺼움, 과로로 인한 탈진… 결국 병원 신세를 지게 되었고, 그렇게 한 달가량 치료에 집중해야 했다. 그로 인해 오랫동안 준비해온 여행 프로모션도 포기해야 하나 싶었다. 하지만 그때 동생이 내게 큰 힘이 되어주었다. 매일 센터에서 있었던 이야기를 전해주며 "언니, 우리 같이 가자. 아직 끝난 거 아니야. 우리는 할 수 있어." 동생의 끊임없는 응원과 격려 덕분에 나는 다시 마음을 다잡을 수 있었다. 몸은 병원에 있었지만, 마음은 현장에 있었고, 그렇게 매출 목표를 초과 달성하며 기적 같은 결과를 만들어냈다. 우리는 함께 푸껫 프로모션을 멋지게 성취해냈다. 푸껫의 따뜻한 햇살을 온몸으로 맞으며 그 땅을 밟던 그날의 감동은, 지금도 잊을 수 없다. 아팠지만 포기하지 않았기에, 더없이 값지고 찬란한 순간이었다. 그건 단순한 여행이 아니라, 나 자신에게 주는 최고의 선물이었고, 우리 자매가 함께 누린 최고의 기쁨이었다.

서로가 가족 이상의 역할을 해내며, 함께 목표를 이루기 위해 노력했다. 처음에는 작은 시작이었지만, 점차 우리의 비즈니스는 성장했고, 돈도 자연스럽게 따라왔다. 우리가 함께 그려왔던 비전이 현실이 되어가는 그 과정은, 우리 자매에게도, 그리고 이 이야기를 지켜보던 이들에게도 깊은 울림이 되었다. 어느새 우리 이야기는 메리케이 안에서 하나의 '자매 신화'처럼 전해지기 시작했다.

6가지 우선순위 설정법, 성공과 자기 관리를 위한 가이드

우리 모두에게는 공평하게 하루 24시간이 주어진다. 하지만 이 시간을 어떻게 활용하느냐에 따라 삶의 질과 성과는 크게 달라진다.

나는 메리케이 시절부터 매일 밤 다음 날 진행할 6가지 우선순위를 적는 습관을 길러왔다. 이러한 행동은 시간을 효율적으로 쓰고, 에너지를 올바르게 분배하는 강력한 도구가 되었다.

6가지 우선순위를 기록하고 실천했을 때와 그렇지 않았을 때의 차이는 어마어마했다.

우선순위를 정하지 않은 날에는 지인들과 하염없이 차를 마시다 하루를 허비한 적도 있다. 대화는 끊이지 않았지만 8시간 동안 무엇을 나눴는지 기억조차 나지 않았다. 반면, 6가지 우선순위를 적고 그것을 기준으로 관리했을 때는 불필요한 에너지 소모 없이 효율적으로 하루를 보낼 수 있었다.

지인을 만나도 정해진 시간 안에서 필요한 대화와 업무를 끝내고, 남는 시간은 명상을 하거나 쉬면서 에너지를 보충할 수 있었다.

이렇게 하루의 우선순위를 명확히 정하고 실천하는 습관은 시간 관리 이상의 의미를 가진다. 이는 내가 진정 중요한 일에 집중할 수 있게 해주는 강력한 방법이자, 나의 삶을 능동적으로 이끌어가는 핵심 전략이다.

당신만의 우선순위를 정하라

지금 굳이 가지 않아도 되는 곳, 쓸데없이 참여하지 않아도 되는 일이 무엇인지 떠올려 보라. 그 시간에 무엇을 하면 좋을지 적어보는 것에서 시작하라.

우선순위를 정하면 하루를 알차게 보내기 위해 무엇을 비우고 무엇에 집중해야 할지 명확히 알 수 있다.

1. 핵심 목표와 업무 명확히 구분하기
목표가 명확하면 불필요한 작업을 걸러낼 수 있다. 우선순위를 설정할 때는 목표 달성에 실질적으로 기여하는 일에 우선 가치를 부여해야 한다.

예를 들어, 비즈니스 성과를 높이고자 한다면 고객 관리와 영업 활동을 최우선에 두고 나머지는 필요한 만큼만 유지하는 것이 효과적이다. 핵심 목표와 업무를 명확히 구분하여 집중하면 성공적인 결과로 이어진다.

2. 에너지 패턴 활용하기

자신의 에너지 패턴에 맞춰 중요한 업무 시간을 설정하는 것이 핵심이다.

나는 아침에 아이를 등교시키고 업무에 바로 돌입한다. 오후 4~5시쯤 에너지가 떨어지면 잠시 쉬며 자기 계발서를 읽거나 운동을 한다. 이렇게 하루의 패턴을 조정하면 에너지를 더욱 효율적으로 활용할 수 있다.

3. 긴급성과 중요성의 균형 맞추기

성공적인 팀과 비즈니스를 위해 긴급성과 중요성의 균형을 맞추며 우선순위를 설정하는 것이 중요하다.

나는 메리케이에서 8년간 매일 6가지 우선순위를 적고 그에 따라 일하며 중요한 일에 집중했다. 그러다 퇴사 후 한동안 우선순위 설정을 소홀히 하면서 불필요한 일에 에너지를 쏟는 자신을 발견했다. 다시 6가지 우선순위를 설정한 이후, 중요한 목표에 집중하며 더 나은 성과를 얻을 수 있었다.

4. 일관된 자기 관리와 셀프 이미지 구축

복장, 행동, 말투 등에서 일관된 모습을 유지하며 신뢰를 쌓는 것이 중요하다. 이러한 일관성은 전문가로서의 이미지를 강화하며, 고객과 팀원들에게 깊은 인상을 남긴다. 매일의 업무뿐만 아니라 나의 이미지와 전문성을 강화하는 노력을 통해 개인 브랜드를 구축할 수 있다.

5. 비우고 채우기

처음에는 주변의 모든 사람들에게 도움을 주기 위해 시간과 에너지를 쏟았다. 그러나 점차 체력이 소진되고, 생활이 엉망이 되는 경험을 하며 비우고 채우기의 균형이 얼마나 중요한지 깨달았다.

이후 책을 읽고 강연을 들으며 서로에게 의미 있는 방식으로 도움을 주고받는 방법을 터득했다. 마침내 회복 시간을 확보하고 중요한 일에 집중할 수 있었다.

6. 회복 시간을 존중하기

목표를 향해 매진하는 중에도 회복 시간은 반드시 필요하다. 집중적인 일정을 소화한 후, 회복과 재충전을 통해 다음 일정의 성과를 높일 수 있다. 자기만의 회복 시간을 하루의 루틴으로 정해 놓으면 장기적으로 더 높은 성취감을 얻을 수 있다.

나만의 워라밸, 시간 관리에서 나온다

사람들은 종종 내게 묻는다.

"대체 일은 언제 하고, 그렇게 아이와 자주 시간을 보내나요?"

나의 대답은 간단하다.

"정해진 시간 내에 집중해서 일하기 때문이죠."

아이가 학교에 있는 동안 주요 업무를 집중적으로 처리하고, 남은 일은 아이가 학원에 간 시간이나 다음 날 일정으로 조정한다. 이렇게 시간을 효율적으로 관리하기 때문에 일에 치이지 않고도 가족과의 소중한 시간을 확보할 수 있었다.

워라밸(Work-Life Balance)이란 단순히 일과 삶을 나누는 것이 아니다. 나의 일상 속에서 수입을 창출하는 시간, 가족과 함께하는 시간, 그리고 내가 온전히 쉴 수 있는 시간을 조화롭게 만들어내는 것이다. 진정한 워라밸은 시간 관리에서 나온다.

누구에게나 똑같이 하루 24시간이 주어진다. 그 시간을 어떻게 활용하느냐는 전적으로 나의 몫이다. 나는 6가지 우선순위를 통해 불필요한 일에 시간을 낭비하지 않고, 나 자신과 가족에게 가치 있는 일에 에너지를 집중할 수 있었다.

지금 당신도 당신의 하루를 계획해 보자. 6가지 우선순위를 적고, 꼭 해야 할 일과 하지 않아도 될 일을 구분해 진정한 균형과 성과를 찾아가는 첫걸음을 내디뎌라. 작은 변화가 당신의 삶에 개혁을 일으킬 것이다.

3장
팀 빌딩 퀸의
탄생

리더십은 성과를 좇는 것이 아니라, 사람을 이해하고 그들의 성장을 돕는 과정이다. 메리케이에서 나는 이 진리를 몸소 경험했다.

처음에는 나도 성과에 집착하는 리더였다. 목표 달성을 위해 팀원을 압박했고, 내 성공만을 우선시했다. 그러나 수많은 실패와 좌절을 겪으며, 진정한 리더십이란 지시 하달이 아니라, 팀원들과 함께 호흡하며 그들이 스스로 성장할 수 있도록 돕는 것임을 깨달았다.

초기에는 팀원들에게 목표만을 제시하며 그들이 스스로 해결할 것이라고 믿었다. 하지만 이런 방식으로는 신뢰를 쌓지 못했고, 팀원들의 성장은 더뎠다. 특히 상위 리더들이 나의 고민을 듣고 나서 결국 "이번 달에 몇 포인트 달성할 거야?"라는 매출 목표에만 초점을 맞춘 반응을 보이는 것을 보면서 큰 좌절감을 느꼈다. 내게 필요했던 것은, 나와 함께 현장에서 뛰며 문제를 해결하는 리더였다. 이런 경험은 나에게 깊은 상처로 남았고, 내가 팀원들에게는 같은 어려움을 겪게 하지 않겠다는 결심을 하게 했다.

리더십에 대한 정식 교육을 받은 적이 없었지만, 보험과 메리케이 일을 하며 다양한 사람들을 만나며 경험으로 배웠다. 디렉터(매니저급)가 되면서 리더십의 중요성을 더욱 절실하게 느꼈고, 여러 강연가들의 리더십 교육을 들으며 리더십에 대한 나만의 시각을 형성했다. 그 과정에서 '어떤 리더가 되어야 할까'라는 깊은 고민을 하게 되었고, 지시만 내리고 멤버들의 의견을 무시하는 리더가 아닌, 멤버들과 함께 목표를 세우고 그들의 성장을 진심으로 돕는 리더가 되겠다고 결심했다.

영업 현장에서 많은 매니저급 리더들은 매출이나 결제를 유도하는 데 중점을 둔다. 그것이 회사의 목표에 맞는 방식일 수 있지만, 나는 이런 접근에는 진정성이 없다고 느꼈다. 상담을 하면서도 나의 이익을 위해 결제를 유도하는 방식이 맞지 않았기 때문이다. 그래서 나는 팀원들이 성장하고 자립할 수 있도록 돕는 것에 더 큰 가치를 두었고, 진정한 리더십이란 단순히 매출을 올리는 것이 아니라 사람과 신뢰를 쌓고 그들의 성장을 도와주는 것이라고 확신했다.

고민의 결과는 완벽한 팀워크와 시너지 발휘로 이어졌다. 개척 활동을 할 때 한 멤버는 지나가는 사람들에게 인사를 건네고, 다른 멤버는 손 케어를 담당하며 고객과의 첫 교류를 진행했다. 이후 다른 멤버가 피부 상담을 하고, 애프터케어 예약까지 잡았다. 나는 마지막으로 클로징 멘트를 맡아 팀 작업을 마무리했다. 체계적인 역할 분담을 통해 우리는 더욱 효율적으로 일했고, 각자의 강점을 발휘하여 큰 성과를 냈다.

가장 보람된 순간은, 처음에는 반찬값 정도만 벌겠다고 시작했던 멤버들이 시간이 지나면서 자신감을 갖고 매출을 늘리며 당당한 여성 리더로 성장하는 모습을 지켜보는 것이었다. 순수익 100만 원, 200만 원을 넘기며 리더로 자리 잡은 이들을 보며, 나도 함께 성장하고 있음을 느꼈다. 팀원의 성공은 곧 나의 성공이었고, 우리는 함께 목표를 세우고 이를 달성하기 위해 협력하는 진정한 팀이 되었다.

이러한 진정성과 신뢰를 바탕으로, 나는 메리케이 코리아에서 35,000명 중 '팀 빌딩 퀸'이라는 영광을 안게 되었다. 그 명예를 거머쥐는 순간, 우리는 기쁨의 눈물을 흘렸다. 그들과 함께한 여정이 자랑스러웠다. 메리케이 애시 여사의 말처럼 "항상 당신이 만나는 사람을 더 나은 사람으로 만들어라."라는 리더십의 본질을 깨닫게 되었다. 나는 그들의 성장을 돕는 리더가 되기 위해 노력했고, 그들의 성공이 나의 기쁨으로 돌아왔다.

또한, 토니 로빈스의 "성공은 우리가 얻는 것이지만, 의미 있는 삶은 우리가 주는 것으로부터 온다."라는 명언처럼 내가 팀원들에게 준 시간과 헌신이 더 큰 의미로 돌아왔다. 그들의 성장은 곧 나의 성공이었고, 이 과정을 통해 리더십의 진정한 의미를 배워갈 수 있었다.

메리케이에서 나는 물건을 파는 기술이 아니라, 사람과 진정으로 소통하는 법, 리더로서의 역할, 그리고 인생을 살아가는 데 필요한 지혜를 배웠다. 메리케이는 내 평생 최고의 일터였다. 이곳에서의 경험은 내 삶을 더욱 풍요롭게 만들었고, 진정한 리더십을 체득할 수 있게 해주었다.

팀 빌딩 퀸이 전하는 성공적인 팀을 만들기 위한 원칙 7가지

당신은 지금 한 팀의 리더로서 팀의 성과와 성장을 책임져야 한다. 성공적인 팀을 만들기 위해서는 무엇이 필요할까? 여기, 팀을 빛나게 할 핵심 원칙이 있다. 이 일곱 가지 원칙을 통해 팀원들의 잠재력을 최대한 끌어내는 팀 빌딩 퀸이 되어보자!

1. 팀원들의 성향 파악 및 역할 최적화
성공적인 팀의 시작은 바로 팀원 개개인의 성향과 강점을 파악하는 일이다. 온라인에서 더 강한지, 오프라인에서 더 강한지 이해하고 맞춤형 역할을 제안해야 한다. 예를 들어 SNS에 능숙한 팀원에게는 소셜 미디어로 비즈니스를 확장하도록 제안하고, 친화력이 뛰어난 멤버에게는 오프라인 활동을 주력으로 하되 온라인 참여도 30퍼센트 정도 유지하도록 유도한다. 이렇게 각자의 성향에 맞는 역할을 부여하면, 자연스럽게 시너지가 발생하고 팀 전체가 효과적으로 움직이게 된다.

2. 성과와 피드백 중심의 맞춤형 지원

팀원의 성장을 위해서는 정기적인 성과 점검과 맞춤형 피드백이 필수다. 매월 실적을 분석하고 어떤 점이 잘되었는지, 부족한 점은 무엇인지 솔직하게 논의한다. 어려운 부분이 있다면 직접 시범을 보여주고 실력을 향상시킬 수 있도록 돕는다. 이런 피드백은 평가뿐 아니라 팀원의 성장을 촉진하는 기회가 된다. 맞춤형 지원을 통해 팀원들은 자신의 약점을 개선하고 자신감을 얻고, 팀은 한 단계 더 발전하게 된다.

3. 이미지 메이킹과 자기 관리 강화

성공하는 팀을 만들기 위해서는 팀원들의 이미지 메이킹과 자기 관리가 중요하다. 팀원들이 각자의 퍼스널 컬러와 스타일을 찾도록 도와주고, 복장, 신발, 태도, 말투 등에서 전문가다운 모습을 갖추도록 지원한다. 이런 꾸준한 자기 관리를 통해 팀은 외부로부터 '외적·내적 자신감을 갖춘 프로페셔널 집단'이라는 긍정적인 평가를 받을 수 있다. 이는 외형의 변화에서 나아가 팀의 신뢰성과 영향력을 높이는 중요한 요소가 된다.

4. 팀원 간의 신뢰와 유대감 강화

성공적인 팀은 신뢰와 유대감 형성에서 출발한다. 팀원들이 서로의 성공을 진심으로 축하하고 불편한 부분을 솔직하게 논의할 수 있는 분위기를 만들어야 한다. 정기적인 미팅을 통해 소통을 활성화하고, 필요할 때 리더가 중재하여 긍정적인 팀 문화를 형성하는 것도 중요하다. 신뢰와 유대감이 형성된 팀은 위기 상황에서도 흔들리지 않고 성장할 수 있다.

5. 지속적인 리더십 역량 개발

팀을 이끄는 리더는 끊임없이 성장하고 학습해야 한다. 리더십 교육에 적극적으로 투자해 배우고 성장하는 자세가 필요하며, 이를 통해 팀원들을 더 깊이 이해하고 이끌어야 한다. 리더의 발전은 팀의 성장에 긍정적인 영향을 미치며, 팀원들에게도 자기 계발의 중요성을 일깨우는 본보기가 된다. 성공적인 팀을 위해 리더 자신부터 끊임없이 성장하는 모습이 필요하다.

6. 감정 표현 절제와 전문성 유지

성공적인 팀의 리더는 감정을 잘 관리하고 전문성을 일관되게 유지해야 한다. 문자 메시지나 단체방과 같은 소통 채널에서 감정을 드러내지 않고, 프로필 사진에 등록하는 아이 사진도 신중하게 선택해 절제된 이미지를 유지해야 한다. 일관성 있는 모습은 전문성을 강화하는 데 중요한 역할을 한다.

팀원들에게도 감정에 휘둘리지 않고 목표에 집중하는 태도를 강조해야 한다. 긍정적이고 일관된 태도는 흔들림 없이 성장할 수 있도록 돕는 든든한 기반이 된다.

7. 진심 어린 경청과 신뢰 기반의 리더십

리더십을 발휘하는 과정에서 가장 중요한 자세 중 하나는 진심으로 경청하는 태도다. 과거에 나는 사람들에게 다가가고자 했지만, 여러 번 벽에 부딪혔던 경험이 있다. 상대방의 마음을 열도록 돕기보다는, 오히려 그들이 마음을 닫는 상황이 반복되었다.

이러한 경험들이 쌓이면서, 나는 '우리 멤버들에게만큼은 이런 실수를 하지 말아야지'라는 마음을 굳히게 되었다. 팀원들을 목표 달성을 위한 도구로 대하지 않고, 진심 어린 관심과 배려로 소통하고 공감하는 리더가 되기로 결심한 것이다. 서로의 꿈과 목표를 진심으로 응원하고 서포트하는 존재가 되고 싶었다.

리더라면 누구나 팀원의 성장을 돕고 그들의 성공을 함께 나누고 싶어 한다. 하지만 이러한 마음이 진심으로 전달되기 위해선, 말로만 '경청'해서는 안 된다. 상대의 고민을 듣고 대화의 마지막에 '그래서 이번 달 목표는 어떻게 잡을까?' 혹은 '매출을 위해서 재고를 더 사보자'와 같은 목표 지향적인 말로 마무리하면 신뢰를 쌓기 어렵다. 상대방에겐 그저 리더의 이익을 위한 대화로 비칠 수 있기 때문이다.

팀원들이 자신의 이야기를 솔직히 털어놓을 때, 이야기를 듣고 함께 고민하는 과정을 통해 서로의 신뢰가 쌓이고, 마침내 어려운 순간에도 흔들리지 않는 단단한 팀을 이루어낼 수 있었다.

이 7가지 원칙은 성공적인 팀을 만드는 데 꼭 필요한 핵심 지침이다. 여러분도 이 원칙들을 통해 강력한 팀을 만들어가자.

4장
전 국민이 고객, 지인 없이 성공하는 법

메리케이 비즈니스를 시작하면서 지인들에게 의존하지 않고도 성공할 수 있음을 확신했다. 지인에게 영업하지 않은 이유는 단순했다. 장기적인 성공을 위해서는 다양한 고객과 신뢰를 쌓는 것이 훨씬 중요했기 때문이다.

지인에게 제품을 판매하면 자연스레 따라오는 "내가 사줬으니 더 줄 거 있어?", "아는 사람이니까 할인 좀 해줘." 같은 요구들은 비즈니스에 부담을 줄 뿐 아니라 관계에도 좋지 않다. 나는 이런 부담을 주고받기 싫었다. 차라리 제품을 무료로 제공하거나 사용해 볼 기회를 주면서 진정한 고객으로 새 관계를 형성하는 데 집중했다.

8년 동안 세일즈를 하면서 지인에게 물건을 판매한 경우는 열 번도 채 되지 않는다. 나는 이를 자랑스럽게 생각한다. 세일즈는 지인 없이는 어렵다는 말은 능력 없는 사람들이 하는 이야기일 뿐이다. 나는 이를 행동으로 증명해 보였다.

나는 전국을 누비며 새로운 고객을 만나기로 결심했다. 매일 새벽 4시에 일어나 메이크업을 정성껏 하고 메리케이 디렉터 슈트를 차려입었다. 프로다운 모습으로 하루를 시작하자. 이 마음가짐은 나의 비즈니스 철칙 중 하나였다.

지인 없이도 성공하는 비즈니스

지인 없이 비즈니스를 시작하기 위해 난생 처음 지도를 사서 펼쳤다. 서울, 대전, 대구, 부산만 알고 있던 나는 얼마나 많은 도시와 마을이 있는지를 깨닫고 놀랐다.

"한번 해 보자. 갈 곳이 엄청 많네! 나는 할 수 있다!"라는 마음으로 시작한 개척이 나의 비즈니스를 완전히 바꿔놓았다.

고객이 전혀 없었던 초창기에는 매일 새벽 6시 성남 버스터미널에서 첫차를 타고 그날의 목적지로 향했다. 서울에서 멀리 떨어진 지역이라도 상관없었다. 하루 동안 최소 열 명의 고객에게 샘플을 전달하거나, 제품 테스트를 해주거나, 수정 메이크업을 진행하는 것을 목표로 삼았다. 내가 들고 간 샘플과 제품은 꼭 필요한 사람들에게 전달되어야 했다. 그래서 길을 다니며 사람들의 피부를 살피고, 내 제품이 필요한 분을 직접 찾아 나섰다.

하루 종일 낯선 지역을 누비며 고객을 찾는 일이 체력적으로 쉽지는 않았지만, 목표를 달성하지 않고 돌아오는 날은 없었다. 제품을 사용해 보고 긍정적인 피드백을 주면 더없이 보람찼다. 이렇게 한 발 한 발 영업을 넓히자 전국 곳곳에 나를 신뢰하는 고객들이 생기기 시작했다.

고객 기반이 안정되기 시작한 뒤에도, 메리케이에서 핑크 카를 수상한 후에도 이 원칙은 변하지 않았다. 차를 몰고 이동하며 물리적인 피로를 줄일 수 있었지만, 고객을 만나기 위한 노력만큼은 더 철저해졌다. 항상 차에 제품을 가득 싣고, 고객 한 명을 만나러 가는 길도 최대한 활용했다.

예를 들어 창원에 계신 고객 한 분이 스킨케어를 받고 싶다고 요청하면, 그분을 뵙기 위해 창원으로 향하는 동시에 그 일대의 다른 고객들을 만날 방법을 고민했다. 하루 동안 창원 주변에서 최소 열 명의 고객을 만날 수 있도록 계획을 세웠다. 제품을 소개하고, 직접 테스트를 해 드리며, 고객의 피부 고민을 상담했다. "가는 곳마다 최소 열 명에게 제품의 가치를 전하고 오자."라는 초심을 꾸준히 지켰다.

처음 이 일을 시작할 때 나는 아무것도 없었다. 고객 한 명도, 나를 도와줄 사람도 없었다. 그저 한 장의 지도와 내가 가진 열정뿐이었다. 그런데 회사의 이름이 새겨진 멋진 핑크 카를 운전하며 고객들을 만나러 다니고 있지 않은가. 이 차는 내가 쌓아온 모든 노력과 땀의 결실이었다.

'빈손으로 시작했던 그때를 잊지 말자. 지금도, 앞으로도 고객에게 진심을 다해야 한다.'

나는 이 다짐을 가슴 깊이 새기며 매일의 현장에서 진심을 다했다. 고객 한 분 한 분과의 만남이 단순히 제품을 전달하는 거래로 끝나는 것이 아니라, 그분들의 삶에 작은 변화와 가치를 더해주는 순간이 되기를 바랐다. 고객들에게 정성을 다할수록, 나 또한 성장할 수 있다는 사실을 잊지 않았다.

DID, 들이대는 것도 전략이 필요하다

그 당시 세일즈 업계에는 'DID'라는 용어가 있었다. '들이대'의 줄임말로, 누구에게나 적극적으로 다가가라는 뜻이다. 하지만 나는 막무가내로 들이대는 DID는 오히려 역효과를 낳는다고 생각했다. 샘플을 나눠주는 일 자체는 어렵지 않다. 500원짜리 샘플에 스티커와 명함을 붙여 건네는 건 누구나 할 수 있는 일이다. 그러나 샘플이 고객의 손에서 쓰이지 않고 버려진다면, 그것은 시간과 비용을 허비하는 일일 뿐이다.

그래서 나는 샘플 하나가 500원의 비용으로 끝나는 것이 아니라, 30만 원 이상의 매출로 이어질 수 있도록 접근 방식을 바꿨다.

먼저, 한 번에 많은 샘플을 나눠주지 않았다. 내가 준비한 샘플 하나와 명함 하나, 그것이 전부였다. 대신 샘플을 전달하면서 반드시 5분 정도 대화를 나누려 노력했다. 고객을 만났을 때는 먼저 칭찬 한마디를 건네며 분위기를 부드럽게 만들었고, 그들의 이야기에 귀를 기울이며 나 역시 제품에 대한 이야기를 자연스럽게 풀어나갔다.

샘플을 드릴 때는 항상 본품을 꺼내 보여주었다. 손등에 발라 제품의 질감과 향을 느껴볼 수 있게 하고, 제품의 장점과 사용법을 설명했다. 단순히 샘플을 건네는 것이 아니라, 고객이 제품에 흥미를 가질 수 있도록 세심하게 접근한 것이다. 이러한 노력 덕분에 샘플 증정이 구매로 이어지는 경우가 많았다.

샘플이 아니라 가치를 전달하다

화장품 세일즈를 하는 많은 사람들이 가방 안에 샘플을 잔뜩 넣고 다닌다. 하지만 나는 무턱대고 나눠주는 방식의 영업을 하지 않았다. 내가 들고 간 샘플과 제품은 단순히 나눠주기 위한 것이 아니었다. 그것은 내 진심을 담아 고객에게 전달하는 도구였다.

길을 다니며 고객을 관찰했다. 얼굴이 건조해 보이는 사람, 트러블이 있는 사람, 기미나 주근깨가 눈에 띄는 사람, 화이

트닝 케어가 필요한 사람을 주의 깊게 살폈다. 샘플을 건넬 때는 그저 주는 것이 아니라, 그들의 피부 상태에 맞는 제품을 골라 본품을 보여주었다. 고객이 집에 돌아가 제품을 사용하도록 만들기 위해선 이런 디테일과 노력이 필요했다.

물론 모든 고객이 긍정적인 반응을 보인 것은 아니었다. 때로는 문전박대를 당하거나 차가운 거절을 듣고 발길을 돌려야 할 때도 있었다. 그런다고 나는 멈추지 않았다. 하루가 끝나고 집으로 돌아오면 비록 발은 퉁퉁 부어 있었지만, 마음만은 뿌듯했다. 내가 만난 누군가가 우리 제품으로 인해 조금 더 자신감을 얻었다면, 그 하루는 충분히 가치 있었다고 믿었다.

내가 곧 모델이다

메리케이에는 광고 모델이 없다. 뷰티 컨설턴트 한 사람 한 사람이 곧 메리케이의 모델이었다. 그래서 나는 나 자신을 더욱 철저히 관리했다. 주 3회 마스크팩은 기본이었고, 피부 상태에 맞는 제품을 사용해 꼼꼼히 관리했다. 메이크업도 정성을 다해 언제 어디서나 최상의 모습이도록 노력했다.

그 결과 사람들은 나를 볼 때마다 "피부가 어쩜 그렇게 좋아요?", "어떤 제품 쓰는 거예요?"라고 물었다. 나는 반짝반짝 광이 나는 피부 덕분에 '물광 피부'라는 별명을 얻었고, 이를 활용해 나를 홍보했다. 내 개명 전 이름 '영이'와 산소(O2)를 결합해 '산소 같은 여자 영이'라는 이름으로 스스로를 브랜딩 했다. 어디서나 나를 소개할 때 "메리케이 대표 물광 피부 윤영이입니다."라고 자신 있게 말했다.

사람들은 나를 보고 "그 물광 피부 디렉터님!", "얼굴에 물광 나는 강사님!"이라고 기억했다. 나는 단순히 제품을 파는 사람이 아니었다. 내가 곧 브랜드였고, 사람들은 나를 통해 제품에 대한 신뢰를 가졌다. 철저히 관리한 피부는 외적인 아름다움을 넘어, 제품의 효능을 보여주는 살아 있는 증거였다.

지인 없이, 재고 없이, 신용카드 없이

나는 비즈니스를 운영하면서 재고를 쌓지 않는 것을 철칙으로 삼았다. 많은 사람들이 프로모션을 달성하기 위해 제품을 무리하게 제품을 사들였지만, 나는 그런 방식에는 동의하지 않았다. 신용카드는 처음부터 사용하지 않았고, 가지고 있던 신용카드도 모두 잘라버렸다. 남들이 재고를 쌓고 혜택을 챙기려 할 때, 나는 내가 판매할 수 있는 범위 내에서만 재고를 구입하고 그것을 세트화해 판매했다. 이 방식은 재고 부담을 줄여주었고, 비즈니스를 안정적으로 운영할 수 있는 기반이 되어주었다.

홍콩·마카오 프로모션 도전은 내게 있어 단순한 목표 그 이상이었다. 처음엔 이 프로모션이 내게는 조금 높다 싶은 목표처럼 느껴지기도 했다. 하지만 스스로 '높다'고 규정하는 순간, 한계를 짓는 것이란 생각이 들었다. 그래서 멈추지 않고 도전했다. 전국을 누비며 고객을 만나고, 하루하루 치열하게 일에 몰입했다. 이 프로모션은 차량 프로모션 이후, 내가 도전한 수많은 목표들 중 가장 깊이 남은 성취였다. 무엇보다 이 경험을 통해 나는 한계를 넘어서는 나를 만났고, 세일즈 디렉터로서 한층 더 성장할 수 있었다. 하루 최소 열 명의 고객에게 제품을 전하고, 목표를 향해 달렸다. 그럼에도 불구하고 프로모션 마지막 날, 남은 3시간 동안 300만 원의 매출이 부족했다. 그때 남편에게 부탁해서 신용카드로 해결할 수도 있었지만, 나는 그렇게 하고 싶지 않았다. 내 힘으로 이 목표를 달성하고 싶었기에, 집에 있는 제품을 챙겨 무작정 밖으로 나갔다.

동네 가게들을 돌며 제품을 홍보하고, 마트에서도 사람들에게 인사하며 샘플을 나눠줬다. "퇴근 후 잠시 피부를 케어해 드리겠다."라고 말하며 예비 고객들에게 다가갔고, 그들의 피부 고민을 상담하며 제품을 제안했다.

홍콩·마카오 프로모션 마감까지 남은 시간은 단 3시간. 초조한 마음으로 마지막까지 온 힘을 다해 뛰었고, 마침내 목표였던 300만 원의 매출을 채울 수 있었다. 순간, 눈물이 났다. 몸은 지쳤지만, 마음은 뜨겁고 벅찼다. 다음 날 받은 "홍콩·마카오 프로모션 달성을 축하합니다."라는 문자는 그 모든 시간과 노력이 결코 헛되지 않았다는 증거였다.

진정한 셀링의 여왕이 되기까지

나는 지인 없이도 성공할 수 있음을 증명했다. 세일즈는 단순히 물건을 파는 것이 아니다. 그것은 고객과의 신뢰를 쌓고, 그들에게 진정한 가치를 제공하는 과정이다. 나는 이 원칙을 통해 전국을 내 영역으로 만들었고, 셀링의 여왕이라 불릴 만큼의 성과를 이뤘다.

비즈니스를 하며 수많은 사람들이 내게 물었다. "어떻게 그렇게 성공할 수 있었나요?" 그 질문에 나는 언제나 같은 답을 했다. "포기하지 않는 것, 그리고 진심을 다하는 것."

누구든 지인 없이도, 특별한 조건 없이도 성공할 수 있다. 중요한 것은 자신의 가치를 믿고, 고객에게 그 가치를 전달하기 위한 꾸준한 노력을 멈추지 않는 것이다.

성공은 열심히 뛰기만 해서는 이루어지지 않는다. 목표를 명확히 설정하고, 타깃을 정확히 정하며, 그 목표를 향해 집중적으로 움직이는 것이 훨씬 더 큰 효과를 가져다준다. 내가 이 일을 통해 얻은 성공은 단순한 행운이 아니었다. 그것은 내가 타깃에 맞는 고객을 찾아내고, 그들에게 필요한 제품을 진심으로 소개한 결과였다.

세일즈는 단순한 숫자 싸움이 아니다. 몇 명을 만났는지가 아니라, 누구를 만나 어떻게 연결되었는가가 훨씬 중요하다. 세일즈는 결국 신뢰를 쌓는 과정이다. 고객의 삶에 어떻게 도움을 줄 수 있을지를 고민하고, 그 진심을 전달할 때 비로소 성공은 자연스럽게 따라온다.

나는 언제나 발로 뛰되 전략적으로 움직였고, 행동하되 분명한 목표를 가지고 실천했다.

지인 없이도 충분히 성공할 수 있다

내가 이뤄낸 모든 성과는 스스로 세운 원칙과 꾸준한 실행의 결과였다. 지인에게 기대지 않고도 충분히 성공할 수 있음을 나는 직접 증명했다. 지인 기반의 비즈니스는 단기적으로는 편할 수 있지만, 꾸준한 성공으로 이어지기 어렵다. 장기적인 성공은 다양한 고객들과의 신뢰 형성에서 비롯된다.

당신이 지금 어디에서 시작하든, 진심을 다해 행동하고 꾸준히 목표를 향해 나아간다면, 그 작은 시작이 곧 당신을 꿈꾸는 자리로 데려다줄 것이다.

포기하지 마라. 목표를 세우고, 그것을 향해 한 걸음씩 나아가라. 당신도 반드시 해낼 수 있다. 성공은 바로 당신의 진심 어린 행동에서 비롯된다.

5장
움직이는 트로피를 받다

 이후 나는 메리케이 비즈니스에서 더 큰 성공을 이루었다. 매 순간 최선을 다하고 집중해 메리케이의 상징이자 '달리는 트로피'로 불리는 핑크 카의 주인공이 되었다.

 메리케이에서 차를 수상하는 것은 결코 쉬운 일이 아니다. 한 분기에 많아야 15~20명이 수상할 정도로 경쟁은 치열했다. 그 안에서 살아남기 위해 나는 수많은 시간을 들여 고객 한 사람 한 사람을 정성껏 만났고, 팀원들과 함께 밤낮을 가리지 않고 목표를 향해 달렸다.

 회사 로고가 박힌 차를 타고 도로 위를 달릴 때면, 내 안의 자부심과 자신감이 온몸을 타고 흘렀다. 그것은 단순한 차량이 아니었다. 내가 이룬 성과, 내 열정과 끈기, 그리고 수많은 밤의 노력을 증명하는 움직이는 트로피였다.

세일즈와 팀 빌딩 부문에서도 나는 빠르게 두각을 나타냈다. 매월 주어지는 다양한 목표와 미션 앞에서 물러서지 않고, 끝까지 해내며 스스로의 가능성을 입증했다. 특히 팀원들이 성장하는 모습은 내 성공보다도 더 큰 성취감이었다.

내가 일에 몰입하는 모습과 팀을 이끄는 과정은 좋은 기회로 이어졌고, 자연스럽게 여러 매체에 소개되기도 했다. 누군가에게는 그저 평범한 일상이었겠지만, 나에게는 치열한 노력의 결과였고, 그런 모습이 누군가에게는 영감이 되었던 것이다. 처음엔 돈을 벌기 위해 시작했지만, 어느 순간부터 이 일은 나에게 사명이 되었고, 사람들과 함께하는 기쁨으로 바뀌었다. 고객이 더 아름다워지는 모습을 볼 때, 팀원들과 함께 성장의 순간을 나눌 때, 나는 내가 이 일을 진심으로 사랑하고 있다는 걸 느꼈다. 그렇게 마음이 바뀌고 나니, 수입은 자연스럽게 따라왔다.

당시 나는 내 수입이 얼마인지도 정확히 알지 못했다. 단지 돈 때문에 이 일을 하는 것이 아니었기 때문이다. 그저 매일을 최선을 다해 살았을 뿐인데, 어느 날 인터뷰를 준비하며 연봉 정산서를 확인하고 깜짝 놀랐다. 내 연 수입이 억 단위를 훌쩍 넘고 있었던 것이다. 그제야 알았다. 진심을 다해 쌓아온 시간이, 이렇게 나를 증명하고 있었다는 걸.

매년 메리케이 코리아에서 개최하는 대규모 세미나는 나

에게 또 다른 목표이자 강력한 동기 부여였다. 금빛 드레스를 입고, 무대 위에서 조명을 받으며 손을 흔드는 그 장면을 수없이 마음속으로 그렸다. 그리고 마침내, 내가 그 무대에 오르는 날이 찾아왔다. 박수갈채와 환호 속에서 나는 그동안의 모든 눈물과 고생을 마음속으로 껴안았다. 진심으로 내게 박수를 보내고 싶었다. 포기하지 않고 다시 일어섰던 그 모든 날들, 힘들어도 멈추지 않았던 나의 걸음들이 떠올랐다.

그리고 나는 다시, 도전을 이어갔다. 다양한 프로모션에 참여하며 스스로 세운 목표를 하나하나 실현했고, 매번 새로운 벽을 넘을 때마다 내 안의 가능성은 더 넓고 깊어졌다. 그 모든 과정의 중심에는 단 하나의 원칙이 있었다. 바로 '포기하지 않는 마음'이었다. 작고 사소한 성취들을 하나씩 쌓아가며, 나는 내 인생의 이야기를 새롭게 써내려가고 있었다.

어릴 적 나는 호기심이 많아 떡을 팔아보기도 했고, 뚫어펑 스티커를 붙이기도 했으며, 복조리를 팔아본 적도 있었다. 그 모든 경험은 말 그대로 경험에 불과했다. 생계를 위해, 누군가의 인생을 바꾸기 위해 시작한 이 일은 전혀 다른 무게였다. 내가 스스로 선택한 이 일이, 이제는 내 삶을 이루는 가장 큰 중심축이 되었다.

사실 나는 원래 내성적인 성격이었다. 사람들과 이야기하는 것이 편하지 않았고, 낯선 사람 앞에서는 쉽게 말도 꺼내지 못했다. 그러나 현실은 내 성격에 맞춰 기다려주지 않았다. 내 아이를 지키기 위해, 우리 가족을 살리기 위해 나는 나 자신을 바꿔야만 했다. 그때 깨달았다. 상황을 바꾸는 것은 성격이 아니라 태도와 의지라는 것을.

어떤 사람들은 말한다. "나는 원래 내성적이라 세일즈는 안 맞아.", "말솜씨가 없어서 못 할 것 같아."

그럴 때 나는 이렇게 말해주고 싶다. 성격은 선택할 수 없지만, 행동은 얼마든지 선택할 수 있다. 나 역시 처음에는 한마디 꺼내기가 힘들었지만, 매일 조금씩 연습했고, 나만의 화법, 나만의 진심을 전하는 방식을 찾기 위해 끊임없이 노력했다.

중요한 건 '내가 과연 해낼 수 있을까?'라는 의심보다, '나는 해낼 수 있다'는 믿음과 선택이다. 스스로를 믿고 행동하면, 그 결과는 반드시 따라온다. 그리고 나는 그 증거다. 나도 처음부터 능숙하지 않았고, 실수도 많이 했지만, 그 모든 경험들이 지금의 나를 만들었다.

나는 결국 해냈다. 불안과 불확실함, 수많은 반대와 현실의 벽을 딛고 일어서 끝끝내 내 길을 개척했고, 마침내 스스로의 가능성을 증명해냈다. 내 열정과 진심은 길을 만들었고, 실패와 좌절의 시간조차 내 성공의 디딤돌이 되었다. 그러니, 지금 이 글을 읽고 있는 당신도 해낼 수 있다. 당신 안에 아직 펼쳐지지 않은 날개가 있다. 날개를 펼칠 용기를 내는 바로 그 순간, 인생은 새로운 방향으로 움직이기 시작할 것이다.

자신을 믿어라. 가능성을 의심하지 마라. 지금 이 글을 읽고 있다는 것 자체가, 이미 당신이 '변화의 첫걸음'을 내디뎠다는 증거다. 시작했기에 이 문장까지 도달한 것이다. 마음속에 꿈틀거리는 그 감정은 당신이 더 큰 세상을 향해 날아오를 준비가 되었다는 신호다.

나는 진심으로 응원한다. 당신의 열정과 노력이, 당신만의 멋진 성공으로 이어지기를. 그리고 이제, 당신만의 '움직이는 트로피'를 향해 지금 이 순간부터 다시 시작하자.

성공은 마음속 작은 믿음에서 시작된다.
자신의 가치를 믿고, 그 가치를 향해 한 걸음씩 나아갈 때
비로소 꿈이 현실로 다가온다.

6장
죽음 앞에서 깨달은 진정한 성공의 의미

나는 늘 "리더는 있어야 할 곳에 반드시 있어야 한다."라는 말을 가슴 깊이 새기며 살았다. 무슨 일이 있어도 자리를 비워서는 안 된다는 믿음은 리더로서의 책임감의 핵심이라고 생각했다. 그래서 아무리 몸이 아프거나 바쁘더라도, 우리 그룹 내 교육과 회사 교육에는 꼭 참석하려고 노력했다.

메리케이는 전국 7개의 센터가 있다. 주 활동지 서울 센터에서 교육을 받지 못하는 날이면, 내가 머무는 지역에 있는 센터에서라도 미팅에 참여했다. 대전 근처에서 일을 하다가 대전 센터에서 미팅에 참석하거나, 부산 근처에서 일을 하다가 부산 센터에서 미팅에 참여하는 식이었다.

평소 활동하던 센터를 떠나 다른 지역 센터에 참석하면,

그곳 멤버들에게도 새로운 동기 부여를 주고받을 수 있었다. 또한 서로 다른 지역의 멤버들과 소통하며 얻는 에너지는 큰 힘이 되었다.

중간중간 회사에서 워크숍이 열릴 때도 예외는 아니었다.

아무리 바빠도, 아무리 힘들어도, 나는 "리더는 자신의 자리와 책임을 반드시 지켜야 한다."라는 신념으로 워크숍에 참석했다.

어떤 날은 비가 억수같이 내려 와이퍼를 3단까지 올려도 앞이 전혀 보이지 않았다. 그런 날, 나는 워크숍에 늦지 않으려고 서울에서 대전까지 거의 목숨을 걸고 운전했다. 빗물이 앞 유리를 덮쳐 시야는 흐려지고, 차선도 제대로 보이지 않았지만, 핸들을 꽉 잡고 이를 악물고 달렸다.

또 어떤 날은 눈이 펑펑 내려 도로가 얼었다. 서울로 올라오던 중 역삼동 부근에서 차바퀴가 빙글 헛돌더니 중앙선 쪽으로 차가 돌아섰다. 반대편 차선에서 차량이 달려오고 있었고, 아찔한 충돌 직전의 순간이었다. 심장이 철렁 내려앉았지만, 그 순간에도 내 머릿속에는 단 하나의 생각만이 자리 잡고 있었다.

"리더로서 내가 가야 할 자리는, 어떤 상황에서도 지켜야 한다."

매일 지방을 돌며 일하느라 만성 피로에 시달렸지만, 그 어떤 것도 나를 멈추게 할 수는 없었다.

한겨울의 추운 날, 워크숍에 늦지 않으려고 히터를 끄고 창문을 활짝 열어 찬바람을 맞으며 운전했던 날도 있었다. 잠이 쏟아질 때는 스스로 뺨을 때리며 정신을 붙잡았다. 뺨이 얼얼해질 정도로 차가운 바람을 맞으면서도 운전대를 놓지 않았다. 몸은 피로와 싸우고 있었지만, 내 마음속에는 단 하나의 생각이 자리 잡고 있었다.

"오늘은 내가 꼭 가야 해. 내가 없으면 멤버들만 덩그러니 남겨질 텐데, 그건 절대 안 돼."

지금 돌이켜보면, 정말 무모하고 아찔했던 순간들이 많았다. 비와 눈, 피로와 두통을 견디며 달리던 날들. 나는 종종 스스로에게 "정말 내가 일에 미쳤구나."라고 말할 정도로 치열하게 살았다. 하지만 그 모든 무리와 고통 속에서도, 리더로서 멤버들과의 약속을 지키고 책임을 다하길 잘했다는 마음 하나만은 변함이 없다.

나는 이렇게 멤버들과의 약속을 위해서, 또 나 자신과의 약속을 위해서 하루하루 정해둔 목표를 달성하며 치열하게 움직였다. 그 과정에서 나의 건강은 점점 무너지고 있었다. 몸은 점점 피로에 지쳐갔지만, 내가 정한 목표를 이루겠다는 마음에 무리를 하고 있다는 사실조차 인지하지 못했다.

스스로를 돌아볼 여유도 없이, 쉬는 시간도 없이 달려가던 그 시절이었다. 전국을 돌며 많은 고객을 만나고 목표를 달성하며 느꼈던 성취감 뒤에는 제대로 돌보지 못한 '나'가 있었다.

강한 의지와 책임감은 나를 앞으로 나아가게 했지만, 나는 정작 내가 어디로 달려가고 있는지, 무엇을 희생하고 있는지 제대로 보지 못하고 있었다. 그때는 몰랐다. 그 치열함이 결국 어떤 대가를 안겨줄지.

내 몸은 점점 한계에 다다르고 있었다. 마치 누군가가 내 머리를 쥐어짜는 듯한 고통이 계속됐고, 두통약도 전혀 듣지 않았다. 귀에서는 '윙' 하는 소리가 멈추지 않았고, 온몸에 피로가 쌓여 갔다. 그럼에도 나는 멈추지 않았다. 오늘 해야 할 일, 내일 만날 고객, 달성해야 할 목표만 생각하며 나를 몰아붙였다.

그러던 어느 날, 일을 마치고 집 현관문을 열고 들어서다 그 자리에서 쓰러졌다. 가족들은 놀라서 급히 나를 병원으로 옮겼고, 믿을 수 없는 진단을 받았다.

뇌동맥류.

의사는 심각한 표정으로 말했다.

"현재 상태는 매우 위험합니다. 동맥류가 이 정도 크기면 수술이 필요합니다. 터지기라도 하면 손쓸 틈도 없이 생명이 위태로울 수 있습니다. 머리를 열고 수술하지 않으면, 언제 터질지 모르는 시한폭탄 같은 상황입니다."

세상이 무너지는 듯했다. 강의를 하고 많은 사람들 앞에 서야 하는 내가, 머리를 밀고 뇌 수술을 해야 한다니. 게다가 회복에 6개월에서 1년이 걸릴 수 있다는 이야기를 들으니 차라리

죽는 게 낫겠다는 생각마저 들었다. 병원 침대 위에서 울고 또 울었다. 이대로 모든 것을 포기하고 싶었다.

그때, 다섯 살 아들이 내 곁으로 와 울며 말했다.

"엄마, 죽으면 안 돼요. 난 엄마가 꼭 있어야 해요."

아들의 말이 내 심장을 송두리째 흔들었다. 가족을 위해 열심히 일한다고 생각했지만, 정작 나의 무모함으로 이 가족을 잃게 만들 뻔했다는 사실을 깨달았다. 눈물로 범벅이 된 아이의 얼굴을 보며 나는 결심했다. 살아야겠다. 이대로 포기할 수 없다. 나는 의사에게 머리를 여는 수술 대신 시술로 접근해 달라고 요청했고, 다행히 시술은 성공적으로 끝났다. 죽음의 문턱에서 간신히 돌아온 나는, 그제야 깨달았다. 가족의 소중함을. 그리고 무엇보다도, 나 자신을 돌보는 일이 얼마나 중요한지를.

더 이상 몸과 마음을 소진하면서 전국을 누비는 영업 방식을 이어갈 수 없었다. 나는 비즈니스 방식을 전환하기로 결심했다. 블로그와 SNS를 중심으로 고객과 소통하는 온라인 영업 방식으로 전환했고, 더 효율적이고, 더 지속 가능한 방식으로 다시 일하기 시작했다.

몸과 마음이 한계에 다다른 상태에서도 내가 살아남을 수 있었던 이유는 열정 때문만은 아니다. 내가 품고 있던 강한 책임감과 의지, 그리고 그 시기에 나를 지탱해 준 명상의 힘이 나를 살렸다. 명상은 스스로를 되돌아보게 했고, 치열하게 달려오던 삶에서 잠시 숨을 고를 수 있는 시간을 만들어주었다.

나는 이후로 더 이상 일을 위해 나 자신을 희생하지 않기로 결심했다. 내 가족과 나를 지키면서도 성공할 수 있는 길을 찾겠다고 마음먹었다. 그리고 그렇게 찾아낸 길 위에서, 나는 새로운 방식으로 살고 있다.

죽음의 문턱에서 돌아온 그 경험은 내 삶을 송두리째 바꿔 놓았다. 그 순간은 내가 더 나은 삶으로 나아가는 출발점이 되었고, 진정한 성공의 의미를 다시 생각하게 만든 계기였다. 성공이란 단지 목표를 달성하는 것이 아니라, 그 과정에서 소중한 것을 잃지 않는 것이라는 사실을, 나는 몸으로 배웠다.

지금 이 순간에도, 치열하게 앞만 보고 달리며 스스로를 잃어가고 있는 누군가에게 전하고 싶다. 잠시 멈추어, 지금의 나를 돌아보는 용기가 필요하다는 것을.

- ☑ 지금 내가 달리고 있는 방향은 과연 올바른 길인가?
- ☑ 목표를 이루기 위해 내가 무엇을 희생하고 있는가?
- ☑ 혹시 나 자신을 돌볼 여유조차 가지지 못한 채 무작정 달리고 있지는 않은가?

이 질문들에 답할 수 없다면, 잠시 멈추어 돌아볼 때가 되었는지도 모른다. 우리는 종종 목표를 향한 열정에 매몰되어 소중한 것들을 잊고 산다. 그러나 진정한 성공은 내가 지켜야 할 것을 지키며 이루는 성취에서 비롯된다.

    이 글을 읽고 있는 당신도 잠시 멈춰 서서 내가 무엇을 위해 달리고 있는지, 그리고 그 길이 진정 나와 내 사랑하는 사람들에게 행복을 가져다줄 수 있는지 되돌아보길 바란다. 그 선택이야말로 나와 내 삶을 지키는 첫걸음이 될 것이다.

세일즈 퀸의
17가지 특급 노하우

---

1. 정확한 니즈 파악: 고객에게 필요한 것을 제공하자

세일즈 과정에서 가장 중요한 것은 고객의 니즈를 정확히 파악하는 것이다. 한번은 고객이 피부 트러블로 고민하고 있다는 이야기를 듣고 그 문제를 해결할 수 있는 맞춤형 제품을 추천했다. 고객의 말을 주의 깊게 들으면서 그들의 고민을 이해하고, 그에 맞는 해결책을 제시하는 것이 중요하다. 이를 통해 고객은 내가 단순히 판매를 목적으로 하지 않고, 진정으로 그들의 문제를 해결하려 한다는 인상을 받았다. 실제로 이런 접근 덕분에 많은 고객들이 나를 피부 전문가로 신뢰하고, 다시 찾아오곤 했다.

2. 경청의 예술: 말보다 마음을 듣다

세일즈에서 가장 중요한 것 중 하나는 바로 경청의 기술이다. 고객보다 내가 말을 더 많이 하면 안 된다. 진정한 경청은 상대방이 말하지 않은 것까지 들을 줄 알아야 하고, 그 사람이 입밖으로 표현하지 않았지만 마음속으로 느끼는 것을 알아차릴 수 있어야 한다.

나는 항상 고객의 피부 상태와 주변 환경을 세심하게 살폈다. 그러나 그것을 바로 지적하지는 않았다. 이런 조언을 좋아하는 이도 있지만, 그렇지 않은 이도 많기 때문이다. 예를 들어 어떤 고객은 '왜 이렇게 지적을 많이 해? 기분 나빠! 오늘 스킨케어 받아 보고 좋으면 사려고 했는데, 이제 아무것도 하고 싶지 않네.'라고 생각할 수 있다. 이런 상황을 피하기 위해, 나는 고객의 기분이나 상태를 먼저 읽어내고, 긍정적인 부분을 찾아 칭찬을 아끼지 않았다.

예를 들어, 고객이 기분 좋아 보이면, "웃는 모습이 너무 예쁘세요. 활짝 웃는 사람을 만나기 힘든데, 정말 아름다우세요."라고 자연스럽게 칭찬했다. 나는 마음에 없는 말은 못하는 성격이라, 고객의 기분을 좋게 해주기 위해 억지로 말하거나, 과장해서 표현하지는 않았다. 대신, 그날 고객의 컨디션이나 피부 상태, 또는 여러 상황을 살펴보고 진심 어린 칭찬을 했다. 그러면 고객도 마음을 열고 더욱 편안하게 대화했다. 이렇게 형성된 긍정적인 분위기는 나에게도, 고객에게도 훨씬 더 유리하게 작용했다.

이처럼 경청은 단순히 듣는 것이 아니라, 고객의 마음을 이해하고, 그에 맞는 적절한 반응을 보여주는 예술이다. 경청이 잘 이루어질 때, 고객은 더욱 편안하게 마음을 열고 대화를 이어가며 나 역시 자연스럽게 고객의 신뢰와 호감을 얻을 수 있었다.

3. 고객의 언어로 말하라:
쉬운 표현으로 기대감을 높이다

세일즈를 하면서 나는 고객들이 이해하기 쉬운 언어로 제품을 설명하는 데 집중했다. 예를 들어 '멜라셉 플러스 뤼미에르 시스템 세럼'이라고 하면 고객이 "그게 무슨 제품이지?"라고 생각할 수 있다. 그래서 나는 이 제품을 '기미 지우개'라고 표현했다. 또한, 주름을 펴주는 세럼은 '보톡스 세럼', 꺼진 부분을 채워주는 제품은 '필러 세럼'이라고 불렀다. 물론 화장품은 의약품이 아니다. 고객들께도 미리 안내했고 이해하기 쉽도록 이름을 애칭으로 부른다는 것도 매번 말했다.

이렇게 고객들이 이해하기 쉽고, 마음을 이끄는 명칭으로 제품 이름을 바꿔서 설명하니, 각 제품별 매출이 크게 향상되었다. 또한, 필러, 보톡스, 기미 관리 등 특수한 관리를 원하는 고객들의 기대감을 조성할 수 있어 더욱 효과적이었다. 고객이 쉽게 이해하고 매력을 느낄 수 있도록 설명하는 것이야말로 세일즈에서 중요한 성공 요인이다.

4. 설득의 기술:
제품의 가치를 명확히 전달하다

고객이 제품의 가치를 명확히 인식하도록 설득하는 것은 매우 중요하다. 나는 제품의 특장점과 고객의 니즈가 어떻게 일치하는지를 설명하며, 이 제품이 실제로 고객의 삶에 어떤 구체적인 변화를 가져다줄 수 있는지 이야기했다.

내 피부 변화가 담긴 비포, 애프터 사진을 보여주니, 고객들도 자연스럽게 믿고 구매로 이어졌다. "이 제품을 꾸준히 사용하면서 제 피부가 훨씬 촉촉하고 건강해졌어요. 요즘엔 '물광 피부'라는 말을 들을 만큼 피부에 자신감이 생겼고, 특히 이 제품이 저에게는 정말 큰 도움이 됐어요."라고 설명했다. 이러한 실질적인 예시는 고객이 제품의 필요성을 더욱 강하게 느끼게 하여, 구매로 자연스럽게 이어졌다.

5. 거절을 거절하라:
실패를 통해 얻은 최고의 무기

세일즈를 할 때, 고객이 물건 구매를 거절하면 우리는 당황하게 된다. 얼굴에 당혹스러움이 드러나고, 그 순간 어떻게 반응해야 할지 막막해지기 마련이다. 그러나 이럴 때일수록 중요한 것은 바로 '거절을 거절하는' 자세다.

고객이 거절의 의사를 표했을 때, 나는 그 말의 표면적인 의미에만 집중하지 않았다. 그 사람이 어떤 의도로 그 말을 했는지, 진짜 마음속에서는 무엇을 생각하고 있는지를 파악하려고 노력했다. 단순히 말뿐만 아니라 그 이면에 숨겨진 감정과 필요를 읽어내기 위해, 나는 그 사람의 마음에 더 집중하며 경청했다.

이 과정에서 내가 중요하게 여겼던 것은, '고객의 거절이 곧 나의 진짜 역할이 시작되는 순간'이라는 점이었다. 나는 거절을 단순한 거부로 받아들이지 않았다. 오히려 그것을 고객의 진짜 니즈를 파악할 수 있는 귀한 기회로 여겼다. 왜 거절했는지를 정확히 이해하고 나면, 그에 맞는 해결책을 제시해 고객의 마음을 다시 열 수 있었다.

결국 세일즈란 단순히 물건을 파는 일이 아니다. 그 사람의 문제를 이해하고, 진심으로 돕고자 하는 마음으로 신뢰를 얻는 과정이다. 거절을 당했을 때 당황하지 않고, 오히려 그 순간을 활용해 고객의 진정한 필요를 알아내고, 그에 맞는 제안을 했다. 이를 통해 나는 실패를 성공으로 전환할 수 있었다.

거절은 끝이 아닌, 새로운 시작이다. 고객이 처음에는 거절했더라도, 그들의 진짜 고민을 이해하고, 그 해결책을 제시하면, 결국 그들은 우리의 제품과 서비스에 마음을 열게 될 것이다. 이렇게 거절을 기회로 삼아, 고객과의 신뢰를 쌓아가는 것이야말로 세일즈의 진정한 힘이다.

6. 고객 만족의 극대화: 업셀링의 달인

화장품 세일즈를 하면서 나는 업셀링(Upselling)에 탁월한 능력을 발휘했다.

예를 들어 고객이 기초화장품을 구매할 때, 나는 그 제품과 함께 사용하면 더 큰 효과를 발휘할 수 있는 추가 제품을 제안했다. 그 결과, 고객들은 제품을 조합해서 사용하는 것에 대해 높은 만족감을 느꼈고, 자연스럽게 매출도 증가했다. 또한, 고객이 구매하지 않은 제품의 샘플을 제공하거나 공병에 덜어주는 성의를 보이면서 실제로 제품을 경험할 기회를 주었다. 그 결과, 고객들은 나의 제안에 더 큰 신뢰를 갖게 되었고, 재구매로 이어지는 경우가 많았다.

7. 사고의 전환: 세일즈의 성패를 가르는 차이

하나에서 다수로, 더 큰 가치를 제안하라. 예를 들어, 보통 모자를 판매할 때 사람들은 '모자는 하나만 사니까 매출이 크게 나오지 않을 거야.'라고 생각하곤 한다. 하지만 나는 다르게 접근했다. 모자를 열심히 쓰면 땀이 차고 세탁도 해야 한다. 그러면 세탁하고 마르는 동안 그 모자를 쓸 수 없으니, 두 개를 사서 번갈아 가며 착용하라고 권했다. 또한, 컬러를 다르게 준비해서 다양한 룩을 연출해 보라고 제안했다.

화장품 판매에서도 같은 방식으로 접근했다. 립 컬러의 경우, 하나만 권하는 대신 어떤 날은 핑크로 사랑스럽게, 어떤 날은 베이지 톤으로 지적이고 세련되게, 또 다른 날은 코럴로 어려 보이면서도 여성스럽게 연출해 보라고 제안했다. 고객들이 "요새 신상 뭐 있어요?"라고 물으면, 단순히 신제품을 보여주는 데 그치지 않았다. 나는 퍼스널 컨설턴트 자격증과 메이크업 전문가 과정에서 배운 지식을 활용해, 고객의 피부 톤과 분위기에 가장 잘 어울리는 컬러를 추천했다. 그리고 이것과 저것을 섞어 사용하면 훨씬 더 볼륨감 있는 입술을 연출할 수 있다는 팁도 꼭 전했다.

이런 방식으로 접근했기에, 화장품 비즈니스를 하는 동안 립 제품을 단 한 개만 판매한 적이 없다. 무려 8년 동안이나 그랬다. 내 고객은 모두 내가 선물한 립스틱을 넣는 파우치를 따로 가지고 있었다. "두 개를 사면 립브러시를 선물로 드립니다."라고 하면, 한 개만 샀을 때는 도구 없이 발라야 한다는 아쉬운 마음이 먼저 든다. 그래서 나는 "세 개를 사면 여러 가지를 한 번에 담을 수 있는 예쁜 파우치를 드립니다."라고 제안했다.

그 당시 백화점에서는 파우치에 들어가는 립 제품의 컬러를 변경하지 못하는 경우가 많지만, 나는 달랐다. 정해진 컬러 조합의 제품이라 할지라도, 내가 단품으로 구매해 고객이 원하는 컬러로 조합을 바꿔주었고, 이를 통해 세 개를 구매할 수 있게 유도했다. 이 유연한 접근 덕분에 판매가 자동으로 이루어졌고, 남은 립 컬러는 다시 홍보해 판매하여 추가 수입을 얻을 수 있었다.

재밌는 건 고객이 먼저 예쁜 립 제품들을 잔뜩 모아둔 파우치를 자랑하기 시작했다는 점이다. 어떤 고객은 나보다 립 제품이 더 많을 정도로 컬렉션을 갖추고 있었고, 그 모습을 보며 우리는 마치 소꿉놀이하듯 립 컬러 이야기를 나누며 웃고 또 웃었다. 고객에게 단순히 제품을 판매하는 것이 아니라, 그들과 함께 작은 즐거움과 아름다움을 공유하는 것, 그것이 바로 나만의 세일즈 방식이었다.

8. 이벤트의 여왕:
작은 정성으로 큰 감동을 만들다

나는 회사에서 진행한 다양한 이벤트에 적극 참여했고, 그 과정에서 받은 선물들을 따로 모아두었다. 이를 고객이 좋아할 만한 특별한 선물로 재구성했다. 예를 들어 고객이 특정 제품을 구매하면 그와 잘 어울리는 샘플을 함께 주면서 작은 감동을 선사했다. 이러한 작은 정성은 고객과의 관계를 더욱 돈독하게 만들었고, 이는 내가 고객에게서 얻은 신뢰를 더 크게 만드는 중요한 요소가 되었다. 매달 고객들을 위한 작은 이벤트를 개최하면서, 고객과의 유대감을 꾸준히 형성해 나갔다.

9. 한정판의 힘:
맞춤형 프로모션으로 찐 팬을 만들다

회사에서 매달 다양한 프로모션이 나왔지만, 내 고객들이 원하는 제품군과 다를 때가 많았다. 나는 피부 관리와 메이크업 전문가였기에, 내 고객들은 피부과 관리 대신 메리케이 제품으로 피부 관리를 하고 싶어 하는 분들이 대부분이었다. 모두가 풀세트를 구매하는 것은 아니었다. 하나를 사더라도 꾸준히 구매하게 만들어 찐 팬으로 만들기 위해, 한 제품의 효과를 제대로 알리고 함께 사용하면 좋은 샘플들을 구성해 나만의 프로모션을 만들었다.

나는 신제품을 모든 고객에게 홍보하지 않고, 정리해 둔 고객 리스트를 보며 해당 제품이 정말 필요할 분들께만 조심스럽게 안내했다. 그 결과, 백발백중의 효과를 얻을 수 있었다. 회사에서는 지금 당장 휴대폰을 꺼내 카카오톡 친구 리스트 전체에게 "이번 달 프로모션이 있는데, 너한테 꼭 추천해 주고 싶어서 보내는 거야. 나를 믿고 한번 써보면 어때?"라는 문구를 보내라는 교육도 진행했다. 하지만 이런 방식은 오히려 고객에게 부담을 주고, 차단당하기 쉬운 방법이었다.

나는 그런 대신, 짧고 강력한 메시지와 함께 이미지 한 장을 골라 정확히 해당되는 고객에게만 개별적으로 전송했다. "물광 꿀 피부로 변신하실 단 세 분의 고객님을 기다립니다!" 사실 열 명이 신청해도 모두 만났지만, '한정'이라는 키워드는 고객이 망설이지 않고 즉시 반응하게 만드는 힘이 있었다. 그 결과, 약속도 빠르게 잡혔고 매출로 이어지는 전환율도 훨씬 높았다.

이것이 나만의 특별 전략이었다.

10. 직함의 위력:
슈퍼맨처럼 행동하자

내가 원하는 모습이 되기 위해, 나는 늘 셀프 이미지 점검을 했다. 직함은 단순한 명칭이 아니라, 나의 정체성과 목표를 확고히 하는 강력한 도구였다. 나는 명함에 '메이크업 아티스트', '강사', 'CEO' 등의 직함을 기재하고, 이를 자주 보며 소리 내어 외쳤다. 이런 습관은 내가 이미 성공한 사업가이자 전문가로 존재하고 있다는 확신을 만들어줬고, 어디서든 당당하게 세일즈할 수 있는 자신감을 길러주었다. 그 확신은 고객과의 만남에서도 고스란히 전달되었다. 고객들은 내 태도와 에너지를 신뢰했고, 자연스럽게 나를 믿고 따르기 시작했다.

11. 신데렐라의 법칙:
시간 관리와 신비감 유지

나는 고객과의 약속을 무엇보다 소중히 여겼다. 항상 정해진 시간 안에 일을 마무리했고, 하루 일정이 단 하나뿐일 때도 그 시간을 절대 가볍게 쓰지 않았다. 예를 들어, 고객과의 미팅이 끝난 뒤에는 곧바로 다음 약속을 잡고, 빠르게 자리를 정리하며 바쁜 전문가의 이미지를 자연스럽게 연출했다. 이런 전략은 나의 신비감과 긴장감을 유지시켜 주었고, 고객들이 나와의 약속을 쉽게 취소하지 않도록 만들었다. 8년 동안 세일즈를 하면서 단 한 번도 고객이 당일에 약속을 취소한 적이 없었다.

또한, 나는 항상 스스로의 외모와 컨디션을 철저히 관리했다. 고객들은 내 피부가 항상 윤기가 흐르고 반짝인다는 이야기를 했다. '물광 피부 디렉터님'이라는 별명을 얻을 정도로 피부 관리에 신경을 썼다. 주 3회 마스크팩은 물론, 피부 필링과 트러블 관리도 철저히 챙기며 항상 윤기 있고 건강한 모습을 유지하려 노력했다. 그런 모습은 말하지 않아도 고객에게 신뢰를 주었고, 세일즈는 자연스럽고 쉬워졌다.

12. 고객의 마음을 사로잡는 마지막 인상: 끝까지 미소를 잃지 말라

세일즈에서 중요한 것은 제품을 판매하는 순간만이 아니다. 고객은 처음 만남부터 내가 나가는 그 끝까지의 모습을 기억한다. 제품 판매에 성공하지 못했을 때 얼굴에 서운함이나 짜증의 표정을 드러내면 절대 안 된다. 고객은 우리가 떠나는 그 순간까지도 우리의 모습을 기억하기 때문이다.

처음에는 나도 몰랐다. 어느 날, 정이 많은 고객 중 한 분이 내게 이렇게 말했다.

"디렉터님이 저를 만나러 멀리서 왔는데, 잘 가시나 궁금해서 주차장에서 차를 타고 나가는 모습까지 계속 지켜봤어요. 혼자 아쉬워서 손을 막 흔들었답니다." 이런 분이 한두 분이 아니었다는 사실을 알고 나서부터, 나는 고객의 집을 떠날 때마다 주차장에서 뒤를 한 번 돌아보고, 마주치면 손을 흔들며 반갑게 인사했다. 그리고 차에 타고 출발할 때까지 웃는 모습을 유지하려고 노력했다.

이런 작은 정성이 쌓여, 고객들은 나를 늘 친절하고, 전문적이며, 믿을 수 있는 사람으로 기억하게 되었다. 이러한 이미지 덕분에 내가 하는 말 한 마디 한 마디가 더욱 신뢰 있게 받아들여졌고, 그 결과는 매출로 이어졌다.

13. 팀 빌딩 1위 비결:
고객과의 만남에서 기회를 찾아라

내가 사원 수 35,000명이 넘는 메리케이 코리아에서 전체 팀 빌딩 1위를 할 수 있었던 이유는 단순한 운이 아니었다. 매년 1,000명 이상의 고객을 직접 만나 스킨케어와 메이크업 클래스를 진행하며, 그들의 피부뿐 아니라 삶의 성향과 니즈를 정확히 파악했기 때문이다.

나는 활동적이고 긍정적인 사람들, 추가 수입을 원하는 워킹맘, 혹은 환경의 변화로 인해 새로운 일을 찾는 이들을 만나 왔다. 김해, 안동, 강원도, 창원, 포항 등 다양한 지역에서 이사로 인해 직장을 구하기 어려웠던 분들, 출산 후 집에서 경력 단절을 겪고 있던 여성들까지. 나는 각자의 상황에 맞게 개별적으로 컨설팅을 진행하며, 피부 관리는 물론, 삶을 다시 설계할 수 있는 대화를 함께 나누었다. 이런 진심 어린 접근 덕분에, 팀 빌딩 멘트를 건넬 때도 자연스럽고 높은 확률로 성공할 수 있었다.

특히 기억에 남는 분이 있다. 영업력이 뛰어난 치과 간호사 출신의 멤버다. 그녀와의 만남은 뜻밖의 순간에서 시작되었다. 나는 새벽 6시면 집에서 나와 매일 서울, 부산, 청주, 광주, 창원을 돌아다녔다. 어느 날부터 잇몸에서 피가 나는데 이게 멈추질 않는 것이다. 고객을 만나러 갔다가 인근 치과를 방문하게 되었고, 데스크의 간호사 선생님이 너무 밝게 웃어주시니 괜히 혼자 반가운 마음에 내 명함과 함께 샘플도 전했다.

"제 카톡 아이디가 '산소 같은 여자 02'거든요. 꼭 추가해서 문의하시면 제가 우리 간호사님 물광 꿀 피부로 만들어드릴게요."라고 말하며 웃었다. 그 후 정말로 연락이 왔다. 간호사님은 내 자신감 있고 당당한 모습에 감동받았고, 자신도 나처럼 되고 싶다는 생각이 들었다고 말했다.

아이들이 자라며 추가 수입이 필요했지만, 인근에서 투잡으로 할 수 있는 일이 마땅치 않았고 기존에 접했던 네트워크

회사들은 마음에 들지 않았던 그녀는 함께 일하자는 내 제안을 기꺼이 받아들였다. 그분은 매월 100만 원 이상의 매출을 꾸준히 기록했고, 3개월 만에 500만 원 이상의 매출을 기록하며 최단기간 내 최대 성장 기록을 세운 멤버가 되었다.

고객에게 판매하는 것과 팀 빌딩을 따로 분리하려고 하면 너무 힘들다. 화장품을 구매할 사람 따로, 화장품 팔 사람 따로 찾아야 하기 때문이다. 그러나 나는 제품을 열심히 알리고, 그 과정에서 일이 필요한 사람들에게 내 모습을 보여주면서 제안을 했다. 개개인의 상황에 맞는 설득을 통해 마음을 열게 했고, 이를 통해 자연스럽게 비즈니스를 확장해나갔다.

우리 팀에는 고깃집 사장님도 있고, 전도사의 사모님도 있었다. 현재 지위나 직업은 중요하지 않다. 중요한 것은 나와 성향이 잘 맞고, 시너지 효과를 낼 수 있는 멋진 사람을 찾아 진심으로 제안하고 관계를 맺는 일이다. 연애처럼 밀고 당기기를 하듯, 고객이나 팀 멤버와의 신뢰를 쌓으며 멋진 인연을 만들어가는 것이다. 이 방법으로 나는 팀 빌딩에서 큰 성과를 거둘 수 있었다.

14. 전략적 접근: 성공적 보험 세일즈

혹시 화장품 세일즈에만 적용되는 이야기로 느껴질 수 있기에,

보험 세일즈에서도 통했던 내 노하우를 함께 전하고자 한다.

보험 세일즈를 시작할 때도 나는 지인 한 명 없이 영업을 시작했다. 물론, 이 일을 1년만 하고, 모은 자본금으로 메리케이를 시작하려는 목표를 가지고 있었다. 그렇지만 설득을 잘하고 상대의 마음을 읽는 나의 장점을 십분 발휘해 보험 영업에서도 좋은 성과를 낼 수 있었다.

보험 영업을 시작할 때, 단순히 거리를 돌아다니며 사람들에게 무작정 홍보하지 않았다. "안녕하세요, ○○보험회사에서 나왔습니다. 좋은 상품이 있는데 한번 보세요."식의 형식적인 접근은 의미 없다 생각했다. 그럴 바엔 차라리 사무실에서 에어컨 바람을 쐬며 차를 마시는 것이 낫다고 생각했다. 그래서 나는 한 명을 만나더라도 제대로 된 가치를 전달하자는 마음가짐으로, 모든 만남에 최선을 다했다.

이미 고객들은 나 말고도 많은 보험 영업사원들을 만났기 때문에, 내 이야기에 귀 기울이지 않을 때도 있었다. 그래서 나는 긍정적인 인상을 남기기 위해, 상대방의 장점을 하나 찾아 칭찬하며 다가갔다. 눈을 마주치고 미소를 짓는 고객에게는 3분 또는 5분 안에 상품을 간략하게 소개하는 나만의 스크립트를 준비했다. 집에서 타이머와 녹음기를 켜놓고 말하는 연습을 하며, 상품 설명을 급하지 않으면서도 신뢰감 있게 전달하는 방법을 익혀갔다.

특히 바쁜 고객들에게는 3분 안에 핵심 내용을 간략히 설명한 뒤, 명함을 건네며 추후 연락을 요청했다. 반면, 시간이 허락되는 고객에게는 5분짜리 스크립트를 사용해 조금 더 자세히 상품을 소개했다. 이런 방식은 전단지나 상품 설명서만 전달하는 것보다 훨씬 높은 확률로 고객의 관심을 끌어냈고, 실제 만남 약속으로 이어질 가능성도 높아졌다.

고객을 만나기 전엔 프레젠테이션을 철저히 준비했고, 고객의 니즈를 파악하기 위해 꾸준히 노력했다. 고객의 요구에 맞춘 여러 설계서를 금액대별로 다양하게 준비하고, 이해하기 쉽게 설명하기 위해 약관의 핵심 내용을 따로 정리해 제공했다. 약관은 두껍고 복잡했기에, 고객이 놓치기 쉬운 중요한 부분들을 요약해 약관 앞면에 부착함으로써 정보 전달력을 높이고자 했다.

항상 지점장과 매니저에게 내가 준비한 프레젠테이션 내용이 정확한지 확인받았고, 올바른 정보를 제공하기 위해 노력했다. 또한, 보험 가입 후 발생할 수 있는 필요 상황에 대한 예시를 포함해 설명했다. 이렇게 함으로써, 고객들은 보험이 그저 묵혀두기만 하는 것이 아니라 실제로 활용할 수 있는 유용한 도구임을 깨닫게 되었다.

진심으로 다가가니, 고객들은 가족의 보험도 함께 점검받고 새롭게 가입했다. 주변 사람들을 소개해 주는 경우도 많아, 나는 지인에게 가입을 부탁하지 않아도 자연스럽게 영업이 이루어졌다. 물론, 지인에게 영업하면 빠르게 성과를 낼 수 있었겠지만, 나는 그보다 고객의 니즈를 정확히 파악하고 만족시키는 전략을 택했다.

당시 사회적 이슈나 흐름에 맞춰 보험 상품을 연결해 안내했고, 하루에 단 한 분의 고객님과 단 10분이라도 대화할 수 있는 기회를 만들기 위해 노력했다. 그렇다고 가게마다 들어가 내게 필요하지 않은 상품을 구매하며 말을 걸지는 않았다. 나는 이 일이 '돈을 벌기 위한 진짜 일'이었기에, 불필요한 지출은 피하면서도 고객과 자연스럽게 대화할 수 있는 방법을 끊임없이 고민했다.

이런 현실적인 전략 덕분에, 나는 지인 없이도 보험 영업에서 성공을 거둘 수 있었다. 고객의 니즈를 파악하고, 그에 맞는 솔루션을 제시하며 신뢰를 쌓는 것이 성공의 핵심임을 깨달았다.

15. 우선순위 설정:
성공하는 습관이자 원동력

일을 할 때 우선순위를 정하지 않고 여러 가지 일에 동시에 손을 뻗으면, 결국 중요한 일을 놓치고 비효율적으로 시간을 사용하는 경우가 많다. 처음 메리케이 비즈니스를 시작했을 때 나도 이 문제를 겪었다. 하지만 '6가지 우선순위'라는 원칙을 배운 이후로, 내 삶과 비즈니스는 완전히 달라졌다.

나는 8년간의 비즈니스 동안 하루도 빠짐없이 6가지 우선순위를 적고, 그것을 기준으로 하루 일정을 계획해왔다. 이 습관 덕분에 시간을 흘려보내지 않고, 진짜 중요한 일에 집중할 수 있었다. 물론, 처음부터 이 우선순위 설정이 완벽했던 건 아니다. 수없이 연습하고 반복하면서 조금씩 나만의 방식으로 다듬어갔다.

특히 메리케이를 시작했을 당시 남편이 일을 쉬고 있었기에 나는 뒤로 물러설 곳이 없었다. 이 비즈니스가 아니면 안 된다는 절박한 마음이 나를 더욱 악착같이 만들었고, 이 습관을 내 삶에 장착시키기 위해 끊임없이 노력했다. 우선순위 설정은 시간을 효율적으로 사용하는 데 큰 도움이 되었고, 현재에 집중하면서도 미래를 준비할 수 있는 기반이 되었다. 이 습관은 나를 성공으로 이끌었고, 앞으로도 내 삶을 성장시키는 강력한 무기가 되어줄 것이다.

16. 세일즈 만능열쇠:
모든 관계에 통하는 핵심 기술을 익히자

세일즈의 핵심 기술은 특정 제품을 판매하는 데 그치지 않는다. 한번 익혀두면 어떤 제품이나 서비스에도 적용할 수 있는 강력한 기술이 바로 세일즈다. 보험, 화장품, 건강식품, 다이어트 관련 제품, 심지어 의류나 생활용품 등 무엇을 팔든 이 기술만 잘 활용하면 고객의 마음을 사로잡고, 결과를 만들 수 있다.

세일즈의 본질은 고객의 니즈를 정확히 파악하고 그에 맞는 솔루션을 제시하며 신뢰를 쌓는 것이다. 이 기술을 마스터한 사람은 어떤 업종에서든 성공할 수 있다.

비록 시간이 걸리더라도, 세일즈 기술은 반드시 배워야 한다. 왜냐하면 이 기술은 단지 물건을 파는 것이 아니라, 사람과 관계를 만들고, 그들의 삶에 가치를 더하는 일이기 때문이다.

결국 중요한 건 사람과의 소통, 이해, 신뢰다. 이 능력은 세일즈를 넘어, 인생 전반을 바꾸는 가장 귀중한 자산이 되어줄 것이다.

17. 고자세 영업:
제품에 확신이 있어야만 판다

나는 영업을 할 때 항상 당당한 자세로 접근했다. 보험을 판매할 때나 화장품을 판매할 때, 온라인 공동 구매를 통해 다양한 제품을 다룰 때도 결코 몸을 낮추지 않았다. '팔아주세요'라는 태도로는 절대 성과를 낼 수 없기 때문이다. 내가 판매하는 제품은 정말 좋은 제품이고, 고객에게 유익을 줄 것이라는 확신이 있었기에, 언제나 자신 있게 제안했고, 우물쭈물 망설이며 권하지 않았다.

　　이런 확신은 내 직접적인 경험에서 비롯됐다. 나는 늘 제품을 스스로 사용해보고, 효과를 확인한 뒤에야 소개했다. 특히 화장품은 최소 6개월 이상 꾸준히 써봐야 진짜 변화를 체감할 수 있다. 스킨, 로션만으로는 충분하지 않다. 피부 고민에 맞는 앰플, 세럼, 크림을 맞춤 조합해 지속적으로 사용할 수 있도록 만드는 것이 핵심이다. 처음에는 높은 단가에 구매를 망설이던 고객들도 피부가 개선되는 효과를 보고 주변 사람들에게 소개하기 시작했다. 이런 진짜 경험 기반의 소개들이 이어지며 내 비즈니스는 자연스럽게 성장할 수 있었다. 여러 사람을 만나 스킨케어를 해주고 매 회차 달라지는 피부 사진을 찍어 자료로 활용하기도 했다. 진심으로 효과를 경험했기에 나는 자신 있게, 당당하게 제품을 권할 수 있었다.

　　보험을 할 때도 마찬가지였다. 주변에 보험이 없는 사람이 없지만, 나는 고객 한 분을 만날 때마다 그 보험에 대한 자세한 설명과 요약본을 제공했다. 다른 회사와 비교하여 내 제품의 장점을 분명히 설명하고, 이 보험을 앞으로 어떻게 활용할 수 있을지 안내했다. 그래서 한 고객이 온 가족의 보험을 추가로 가입한 경우도 있었고, 옆집 사람을 소개해 주기도 했다.

　　결국, 내가 판매하는 모든 제품에 대해 완벽하게 이해하고, 고객에게 어떤 유익을 줄 수 있는지를 아는 것이 중요하다.

화장품, 건강 기능 식품, 다이어트 제품 모두 내가 먼저 경험하고 효과를 본 뒤에야 고객에게 자신 있게 권할 수 있다. 그래서 나는 제품을 꼼꼼하게 검토하고, 신중하게 선택한다. 그만큼, 확신을 가지고 자신 있게 추천할 수 있는 것이다.

IV

디지털 노마드 라이프
위탁 판매와 구매 대행

1장
성형외과로 스카우트

메리케이 비즈니스를 시작한 지 7년 차 말쯤, 다양한 매체를 통해 내 활동이 알려지면서 여러 스카우트 제의가 들어왔다. 그중 성형외과에서 총괄실장으로 와달라는 제안을 받았고, 나는 이 새로운 도전을 받아들여 성형외과와 피부과를 함께 운영하는 병원에서 일하게 되었다. 이 시점은 메리케이가 한국에서 철수하기 몇 달 전이었다.

성형외과 실장으로 근무하면서도 나는 메리케이 비즈니스를 계속 이어갔다. 메리케이의 정책상 동종 업계에서의 겸업은 불가능했지만, 성형외과는 화장품 판매와 직접적인 관련이 없기에 예외적으로 가능했다. 총괄실장으로서의 역할에 충실하면서도, 기존 메리케이 고객들에게는 계속 제품을 안내하고 판매할 수 있었던 것이다.

그러나 메리케이 본사의 방침에 따라, 온라인 공동 구매 방식으로 에스테틱 화장품을 유통하는 것은 금지되어 있었고, 나는 이 규정을 철저히 준수했다. 대신, 성형외과에서의 상담 경험과 피부 지식을 바탕으로 온·오프라인 중심의 비즈니스를 이어갔다. 그러나 이후 국내 경기 악화와 함께 메리케이 본사에서도 한국 시장 철수를 결정하게 되었고, 결국 오랜 시간 함께했던 이 비즈니스는 자연스럽게 막을 내릴 수밖에 없었다.

작은 성형외과에서의 도전과 배움

처음 근무하게 된 병원은 규모는 작았지만, 지방 흡입과 피부 관리로 입소문이 난 곳이었다. 수술 시 통증이 거의 없고, 효과는 확실하면서도 가격이 합리적이라는 평가 덕분에 고객이 끊이지 않았다. 나는 지방 흡입은 물론이고, 성형외과 업무 자체가 처음이라 모든 것이 생소했다.

고객들은 "몇 킬로그램까지 감량할 수 있나요?", "신체 사이즈는 얼마나 줄까요?"와 같은 구체적인 질문을 던졌다. 하지만 나는 화장품 세일즈 경력만 있을 뿐, 성형외과 상담은 처음이었기에 답변하기 어려웠다.

그럼에도 불구하고 보험과 화장품 세일즈 경력에서 쌓은

상담 스킬은 큰 도움이 됐다. 고객들에게 편안하게 다가가며 신뢰를 쌓았고, 신뢰는 수술 결정을 이끄는 중요한 요인이 되었다. 병원에 적응하기 위해 매일 새벽같이 출근하고 늦게 퇴근했다. 시간을 아껴가며 동료들과 원장님께 질문하고, 관련 자료를 공부하며 빠르게 배웠다.

병원 업무를 익혀가며, 나는 단순히 수술 상담에 그치는 기존 방식에서 벗어나 매출을 높일 수 있는 새로운 전략을 고민했다. 그 결과, 수술 후 피부 관리와 연계된 프로모션을 직접 기획하게 되었다.

- 지방 흡입 후 라인을 살리는 보디 관리 세트
- 두 부위를 함께 수술할 경우 고주파 및 피부 관리 1회 서비스
- 코 수술 후 부목 제거 시 피부 관리 서비스
- 얼굴 지방 이식과 보톡스를 결합한 관리 패키지

특히, 고객들이 즉각 결정을 내릴 수 있도록 "오늘 결제하시면 VIP 피부 관리권 1회를 무료로 제공하겠습니다."와 같은 제안을 도입했다. 무료 관리를 체험한 고객들 중 상당수가 추가 관리권을 구매하면서, 입사 한 달 만에 병원 매출을 3,000만 원 이상 끌어올릴 수 있었다.

내가 근무한 병원은 뼈 수술을 제외한 대부분의 성형 시술을 진행하고 있었지만, 원장님의 전문 분야는 지방 흡입과 지

방 이식이었다. 그 영향으로 해당 시술을 받으러 오는 고객 비중이 높았다. 그런데 다른 부위 시술을 받은 고객들과 달리, 팔 지방을 흡입한 고객들은 특히 불편함을 호소하는 경우가 많았다. 고객들은 "팔을 들기가 너무 어렵다", "근육이 찢어지는 것 같다"라며 어려움을 토로했지만, 원장님께 자문하거나 엑스레이 검사를 요청하는 것 외에는 명확한 설명이나 해결책을 드릴 수 없어 아쉬움이 컸다.

그 답답함을 해결하기 위해 나는 직접 팔 지방 흡입을 받기로 결심했다. 원장님의 설명만으로는 정확히 알 수 없었고, 매일같이 "아파요, 힘들어요, 이거 부작용 아니에요?"라고 묻는 고객들의 질문에 진정성 있게 답하기 위해선 내가 직접 경험해보는 수밖에 없다고 판단했다.

수술 후 며칠 동안의 고통은 고객들이 말한 그대로였다. 팔을 들 수 없어 머리를 묶는 것조차 힘들었고, 압박복을 착용한 상태에서 붓기가 팔꿈치에 몰리면서 팔이 터질 것 같은 느낌이었다. 그 고통은 단순한 불편함이 아니라 일상생활을 어렵게 할 정도였고, 이 증상은 무려 4주간 지속되었다.

힘들었지만 고객들이 겪는 고통을 몸소 이해하는 값진 경험이었다. 이후 고객들이 비슷한 어려움을 호소하면 "지금 한참 힘드실 시기네요. 팔을 들기가 정말 힘드시죠?"라며 공감하며, 단계별로 어떻게 관리해야 하는지 구체적으로 안내할 수 있었다. 이러한 과정은 고객들과의 신뢰를 더욱 깊게 만들었고, 내가 진심으로 그들의 상황을 이해하고 있음을 전달할 수 있었다.

고객들은 "실장님 덕분에 믿고 잘 견딜 수 있었어요."라는 말을 자주 남겼다. 내가 직접 경험하고 공감해준 상담이 고객에게는 단순한 정보가 아닌 심리적 버팀목이 되었던 것이다.

압구정 성형외과에서의 새로운 경험

첫 병원에서의 성공적인 성과 덕분에, 나는 압구정에 위치한 유명 성형외과로 스카우트되었다. 이 병원은 연예인과 중국인 관광객 들이 자주 찾는, 소위 '강남 스타일의 미'를 완성하는 곳으로 알려져 있었다. 가이드를 따라 20여 명의 단체 관광객이 병원에 들어서는 광경도 흔한 일이었다.

그러나 나는 중국 고객과 상담을 진행할 수 없었다. 중국 고객들은 대부분 중국어를 쓰는 실장과의 상담을 원했고, 그 실장은 하루 10명 중 8명과 계약을 성사시키며 수천만 원의 매출을 올렸다. 내 매출과는 비교할 수 없을 만큼 압도적이었다. 게다가 그는 매출의 일정 비율을 인센티브로 받았기에, 급여 차이 또한 컸다.

나는 결심했다. '나도 중국어를 배워야겠다.' 단지 매출 때문만은 아니었다. 이 고객들과 직접 대화할 수만 있다면, 더 큰 기회를 만들 수 있을 것 같았다. 그리고 그저 매출을 위한 선택에서 출발한 중국어 공부는, 점차 '더 넓은 시장의 가능성'으로 나를 이끌기 시작했다.

지난 3년간 나는 매일 아침저녁 각 1시간씩 인터넷 강의를, 주 2회 원어민 개인 레슨을 받았다. 주어진 숙제에 더해 평소 하고 싶은 말을 작문하며 연습했다. 언젠가는 내 강의를 통역사 없이 중국어로 직접 진행하기 위해 최선을 다했다.

어느 정도 실력이 쌓였는지 확인하고 싶어 HSK 2, 3, 4급 시험을 차례로 봤고, 모두 좋은 결과로 통과했다. 지금은 5급을 준비 중이다.

중학생 시절부터 즐겨보던 〈판관 포청천〉, 〈황제의 딸〉 같은 중화권 사극을 이제는 자막 없이 볼 수 있다는 사실이 무척 신기하고, 언어가 주는 새로운 세계가 내 삶을 더 풍요롭게 만들어주고 있다.

사실 중국어 공부는 여러 목적에서 시작되었다. 첫째는 자녀의 국제 학교 진학을 준비하며, 영어뿐 아니라 제2외국어로 중국어도 함께 익혀야 했기 때문이다. 해외에서는 한국어로 중국어를 가르쳐줄 수 있는 사람이 흔치 않기에, 내가 먼저 배우고 아이에게 전해주고자 했다. 둘째는 사업적인 확장 때문이다. 국제 학교의 중국 엄마들과 자연스럽게 소통할 수 있게 되었고, 위탁 판매나 콘텐츠 번역 등 다양한 사업 기회로도 연결되고 있다.

이처럼 처음에는 단순한 필요로 시작한 중국어 공부였지만, 지금은 나의 강의, 육아, 사업에 모두 큰 자산이 되어주고 있다. 새로운 언어를 익히며 내가 바라보는 세상도, 열 수 있는 문도 훨씬 넓어졌다는 걸 느낀다.

뷰티와 성형의 결합, 그리고 새로운 비즈니스

메리케이에서 배운 뷰티 지식과 성형외과에서 쌓은 경험은 나에게 완벽한 시너지를 제공했다. 이 경험을 바탕으로 나는 온라인 공동 구매를 통해 에스테틱 화장품과 관련 제품들을 판매하기 시작했다. 시술과 화장품의 결합은 나만의 경쟁력을 만들어 주었고, 새로운 비즈니스의 든든한 기반이 되었다. 나는 이 자산을 바탕으로 더 넓은 세상으로 나아가고 있다.

2장
디지털 노마드 삶의 서막

아이가 초등학교에 입학할 무렵, 주변에서 이런 이야기를 많이 들었다. "초등학교에 들어가면 아이는 학교 끝나자마자 바로 집에 와. 아직 어리니까 엄마가 옆에서 잘 챙겨줘야 해." 그런데 성형외과 근무는 오전 10시에 출근해 저녁 8시에 퇴근하는 일정이었다. 집에 도착하면 밤 9시가 되었고, 이런 식으로는 아이와 함께할 시간이 절대적으로 부족했다.

'그럼 어떻게 하는 게 좋을까?' 고민 끝에 내가 가장 잘하는 것을 활용해 새로운 비즈니스를 시작해야겠다는 결론에 도달했다. 나는 메리케이를 통해 마케팅, 세일즈, 팀 빌딩(리더십), 강의 능력을 익혔고, 성형외과 총괄실장으로 근무하며 사람들이 궁금해하는 수술과 시술에 대한 정보를 업그레이드했다. 이러한 경험을 바탕으로, 온라인 공동 구매라는 새로운 비즈니스 모델을 개척하기로 했다.

사업자 등록을 마친 후 새로운 블로그를 개설하는 작업부터 시작했다. 이전 블로그는 메리케이 제품을 홍보하는 용도였기에 다양한 제품을 소개하고 새로운 고객과 소통할 수 있는 공간이 필요했다.

블로그에 3~4개의 포스트를 꾸준히 작성하며 소통에 힘썼다. 고객 한 명 한 명을 소중히 여기며, 그들의 관심을 끌기 위해 많은 노력을 기울였다. 재방문하는 고객들에게는 이전의 대화를 기억하며 친밀감을 쌓아갔다. 이러한 세심한 노력이 고객들에게 깊은 인상을 남겼고, 그들은 내가 올리는 제품에 점차 관심을 보이기 시작했다.

이웃 수가 100명, 200명, 300명으로 늘어나자 자신감이 생겼다. 나는 제품 공급을 위해 본격적으로 여러 업체에 연락을 시작했다. 그러나 많은 업체들이 신생 블로그라는 이유로 제품 공급을 거절했다. "블로그 이웃 수가 얼마나 되세요?", "어떤 제품을 주로 취급하시나요?"라는 질문에 답을 하며 좌절했다. 하지만 누구나 작은 시작에서 출발하는 법. 이 상황이 성장의 기회가 될 것이라는 믿음으로 포기하지 않았다.

그렇게 내가 선택한 첫 번째 업체는 A 회사였다. A 회사의 제품은 대형 판매자들만 취급하던 '기적의 PPC 오일'로, 내게는 큰 도전이자 기회였다. 초기에는 상대 반응이 회의적이었지만, 나는 열정을 쏟아 준비한 PPT와 포트폴리오를 가지고 A 회사 대표와의 미팅을 성사시켰다.

미팅 날, 나는 대표에게 다음과 같이 말했다.

"대표님, 저는 제품 공동 구매를 요청드리려는 것이 아닙니다. 저는 귀사의 제품을 통해 새로운 시장을 열고 싶습니다. 제게 한 번의 기회를 주시면, 분명 후회하지 않으실 겁니다."

회의적인 반응을 보이던 대표는 이렇게 말했다.

"이 정도의 열정이라면, 뭔들 못 해내겠습니까? 한번 해 봅시다."

이렇게 해서 나는 '기적의 PPC 오일'을 공급받았다.

제품을 직접 사용해 본 결과, 효과가 매우 뛰어났다. 나는 한 달 동안 꾸준히 사용하며 느낀 변화를 블로그에 기록했다. 공구 오픈 첫날부터 결제 알림이 쉴 새 없이 울렸다. 그동안의 노력이 결실을 맺은 순간이었다. 이 성공은 나에게 큰 자신감을 안겨주었고, 새로운 분야로 나아갈 용기를 주었다.

이번에는 건강 기능 식품 쪽으로 영역을 넓히기로 했다. 그중에서도 수소 제품에 큰 흥미를 느꼈다. 당시만 해도 수소 관련 제품은 대형 셀러만 취급할 수 있는 분야였다. 하지만 나는 '대형 셀러만 가능하다는 말이 내게는 이유가 되지 않아'라는 마음으로 다시 한번 도전장을 내밀었다.

이번에도 철저히 자료를 준비해 수소 제품의 대표를 직접 만났다. 미팅에서 나는 다음과 같이 말했다.

"대표님, 저는 지금까지 많은 성과를 이뤘습니다. 하지만 이제 더 큰 목표를 세우고 싶습니다. 귀사의 수소 제품으로 저와 함께 새로운 시장을 개척해 나가지 않으시겠습니까?"

처음에 대표는 조심스러운 반응을 보였다. 내 말 한마디에 바로 '좋습니다'라고 답하지는 않았다. 오히려 그 후 몇 달 동안, 내가 매일 블로그에 올리는 글을 하나하나 꼼꼼히 살펴보며 내 진심과 방향성을 지켜봤다. 게시물에 피드백도 주시며, 내가 어떤 사람인지 꾸준히 관찰한 끝에야 마침내 "한번 함께 해보자"고 제안해 주셨다. 그렇게 어렵게 얻어낸 기회였다. 나는 이 소중한 기회를 결코 가볍게 생각하지 않았다. 수소에 관한 논문과 서적을 찾아가며 공부했고, 제품을 직접 사용해보며 다양한 데이터를 쌓았다. 또한 지인들의 사용 후기를 정리해 블로그에 공유했고, 체험단을 모집하며 실사용 기반의 신뢰를 확보해갔다.

체험단 모집은 고객들로부터 뜨거운 반응을 얻었다. 그렇게 열심히 준비했던 수소 제품은 첫 공구에서 2,000만 원이 넘는 매출을 기록하며 좋은 출발을 알렸다. 두 번째 공구에서는 3,500만 원, 그리고 세 번째 공구에서는 단 하루 만에 무려 5,400만 원의 매출을 달성했다. 이 기록은 당시 해당 수소 제품을 판매하던 대형 셀러들보다도 압도적인 수치였다. 그 누구도 예상하지 못했던 결과였고, 나 스스로에게도 큰 확신이 된 순간이었다. 수소 제품에 대한 뜨거운 반응은 이어졌다. 나는 이후 수소 성분이 포함된 비누 제품까지 영역을 확장했고, 이 비누 역시 3일간의 공동 구매에서 5,000만 원 이상의 매출을 기록했다. 단순한 판매가 아니라, 제품에 대한 깊은 이해와 신뢰를 바탕으로 고객의 선택을 이끌어낸 결과였다.

　이 모든 과정에는 고객과의 신뢰가 있었다. 신뢰를 바탕으로 성공을 이루어냈고, 새로운 비즈니스의 가능성을 더욱 확고히 할 수 있었다. 어려운 상황에서도 끈질기게 도전하며 극복한 경험은 나에게 새로운 기회의 문을 열어주었다. 이제 나는 단순한 공동 구매를 넘어 더 넓은 세상으로 힘차게 나아갈 준비가 되었다. 새로운 기회의 세계를 향한 이 발걸음이 내 미래를 더욱 밝게 비추는 초석이 되기를 바라며, 나는 오늘도 매일매일 새로운 도전을 준비한다.

3장

진짜 실력

블로그와 제품이 성공적으로 자리 잡았지만, 예상치 못한 시련이 나를 기다리고 있었다.

    수소 제품의 인기로 인해 경쟁이 치열해졌고, 그 과정에서 내 블로그 글과 고객 후기가 무단으로 도용되는 사건이 발생한 것이다. 내기 직접 쓴 후기와 세품 성보를 그대로 베낀 판매자들이 등장했다. 이 사실을 알게 된 것은 오랫동안 함께해준 고객들의 제보 덕분이었다. 고객들이 내 후기가 거의 동일한 내용으로 다른 블로그에서 사용되고 있음을 발견하고, 즉시 나에게 알려주었다.

    마음속에서 깊은 분노와 실망감이 밀려왔다. 내가 매일매일 땀과 노력을 쏟아가며 이룬 성과가 타인에게 불법으로 이

용당하고 있음을 알게 된 순간의 충격은 이루 말할 수 없었다. 내가 어렵게 쌓아온 신뢰가 이런 식으로 무시당하다니… 실제로 겪기 전에는 그것이 얼마나 괴로운 일인지 상상하지 못할 것이다.

처음에는 도용한 판매자에게 직접 연락해, 내 콘텐츠를 사용하지 말 것을 분명히 요구했다. 하지만 그들은 정당한 요청을 철저히 무시했고, 내 콘텐츠를 계속해서 무단으로 사용했다. 절망감을 느낀 나는 결국 본사에도 문제를 알렸지만, 본사 역시 적극적인 조치를 취하지 않고 '해결할 수 없다'는 답변만 반복했다. 그래서 나는 법적 대응에 나설 수밖에 없었다.

모든 증거를 모아 경찰서에 제출하고, 형사 고소를 진행했다. 그리고 수사 과정에서 경찰 수사관을 통해 놀라운 이야기를 들었다. 상대 판매자가 경찰 조사에서 자신의 입으로 똑똑히 이렇게 말했다고 한다.

"아… 네… 제가 캡처한 거 맞아요. 이 글도 그 수소 대표님이 준 게 맞아요. 그냥 그렇게 적으라고 해서 저는 그냥 적은 거였어요. 살짝 참고만 하려고 했던 건데… 네… 이건 그 언니 블로그 글 맞아요."

그 말을 듣자 뻔뻔함에 실소가 나왔다. 경찰 수사관 앞에서 훔쳤음을, 베꼈음을 시인하다니 어이가 없었다. 그렇게까지 하면서도 아무렇지 않게 살아간다는 것이 참 놀라웠다.

얼마 후, 관련 법적 문서가 도용 판매자의 집으로 발송되었다고 들었다. 가족들, 특히 시부모가 우편물을 보고 깜짝 놀라며 물었다고 한다. "네가 누군가의 글과 사진을 베꼈다니! 그거 아니지? 잘못된 거지? 오해인 거지? 아니 이게 도대체 무슨 일이야?" 그 내용은 당사자가 나에게 전화로 직접 전한 이야기였다. 나는 조용히, 그러나 단호한 목소리로 이렇게 말했다. "온라인상에서도 남의 글과 사진을 훔치면 안 되는 거 모르세요? 제가 작성한 글과 유사한 콘텐츠를 게시할 경우, 1일당 100만 원씩 배상해야 한다는 내용의 저작권 침해 소송을 진행 중입니다. 문서 내용을 차분히 검토하시고, 변호사를 통해 공식적으로 답변해 주세요."

그는 조용히 알겠다고 하고 전화를 끊었다. 그런데 얼마 지나지 않아 그 판매자와 친분이 있는 다른 판매자와의 통화 중에 믿기 어려운 이야기를 들었다. 그 도용 판매자가 이렇게 말했다고 한다. "그런 소송은 기각될 거야. 혼자 너무 앞서나가는 거지. 하하, 나는 신경도 안 써."

하지만 법정에서는 상황이 달랐다. 판사는 상대 측 변호인을 바라보며 이렇게 말했다. "이건 처음부터 끝까지 도용입니다. 수소 관련 글뿐 아니라, 다이어트와 건강 관련 글까지 모두 동일하게 복제됐습니다. 이건 단순한 유사 수준이 아니라, 명백한 저작권 침해입니다."

그렇게 판결은 내게 유리하게 내려졌다. 판결문에는 도용 판매자가 내 설명 글, 멘트, 사진 등과 유사한 콘텐츠를 게시할 수 없으며, 위반 시 하루당 100만 원의 손해 배상금을 지급해야 한다는 조항이 명시되었다. 이 판결로 인해, 도용 판매자는 기존에 판매하려던 다이어트 제품을 포함한 모든 건강식품 공동 구매를 중단할 수밖에 없었다. 결국, 이전에 잘 팔리던 상품 라인을 접고, 의류와 이미테이션 제품으로 방향을 전환했다.

당시 나는 분노로 머리가 끓어오를 정도였다. 그러나 결과적으로, 법이 내 손을 들어주었고, 정의는 실현되었다. 문득 이런 생각이 들었다. '내가 글을 얼마나 잘 썼으면, 몇 년이나 공동 구매를 해온 사람도 그대로 베꼈을까?'

사실 처음에는 내 글을 훔쳐서 팔았던 제품에 대해 얼마를 보상해야 하는지 따져볼까 하는 생각도 들었다. 하지만 아이가 어리고, 돈이 없다며 변명하는 뻔뻔한 모습을 보면서, 한심하면서도 불쌍하다는 생각이 들었다. 아이가 어리면 남의 글과 사진을 무단으로 가져다 쓰는 일이 정당한가? 기가 막히면서도, 한편으론 깨달았다. 설령 피해 보상금을 받는다 해도, 내 마음의 상처와 잃어버린 시간은 되돌릴 수 없다는 것을. 나는 그 일에 더 이상 시간을 쓰고 싶지 않았다. 내 아이와 가족의 평안을 지키기 위해, 나 자신을 더 사랑하기 위해 그 사건을 내려놓기로 했다.

그러나 한 가지는 분명히 남았다. 이 사건은 증명이었다. 내가 쓰는 글, 내가 만든 콘텐츠, 내가 쌓아온 브랜드는 누군가가 그렇게까지 빼앗고 싶어 할 만큼 강력하다는 것. 나는 지금도 다짐한다. 아이에게도, 주변 사람에게도, 나 자신에게도 절대 부끄럽지 않은 사람이 되자고. 남의 것을 탐하지 말고, 실력과 진심으로 승부하자고.

 이 사건은 결국 나에게 상처가 아니라, 자산이 되었다. 나는 이 경험을 밑거름 삼아 더 강하게, 더 멋지게 앞으로 나아간다. 이제는 분명히 말할 수 있다. 나는 이 업계에서, 이 시장에서, 내 방식으로 당당히 승부할 수 있는 진짜 실력자라는 것을.

4장

나의 경험,
고객의 솔루션이 되다

처음 비즈니스를 시작할 때는 단순히 제품을 판매하는 데 집중했다. 하지만 시간이 흐르며 깨달았다. 진짜 비즈니스란, 내가 겪은 문제를 바탕으로 타인의 문제를 해결해주는 일이라는 것을. 고객은 단순한 소비자가 아니다. 그들은 자신의 고민과 불편을 해결하고 싶어 하며, 내가 제공하는 서비스는 그들의 삶에 실질적인 변화를 주는 '경험 기반의 진정성 있는 솔루션'이었다.

피부 트러블, 나의 문제에서 고객의 문제로

나는 11세 때부터 37세가 될 때까지 종종 피부 트러블로 자존감이 낮아지고 사람들과의 만남을 꺼리는 일이 종종 있었다. 유전적인 여드름, 임신 중과 출산 후의 급격한 호르몬 변화, 그리고 수면 부족 등 문제의 원인은 다양했다. 그럴 때마다 거울을 볼 때마다 좌절감에 빠졌고, 이 문제를 해결하고자 수많은 화장품을 시도하며 다양한 피부 관리 방법을 끊임없이 연구했다. 특히, 메리케이에서 제공하는 모든 피부 교육에 빠짐없이 참석했고, 여드름 전문 과정과 피부학 강의까지 수강하며 시간과 비용을 아끼지 않고 배움을 이어갔다.

그 과정에서, 나는 메리케이의 스킨케어 제품들을 조합해 나만의 특별한 피부 관리 세트를 완성하게 되었다. 피부는 날씨, 환경, 컨디션 등 외부 요인에 따라 매일 다르게 반응하기 때문에, 그날의 상태에 맞는 제품을 사용하는 것이 무엇보다 중요했다. 하지만 고객들에게 모든 제품을 구비하게 할 수는 없었기에, 수십 번의 시행착오 끝에 최적의 조합을 찾아냈다. 누구나 구매할 수 있는 메리케이 제품이었지만, 어떤 순서로 어떻게 사용하느냐에 따라 피부에 나타나는 결과는 완전히 달라졌다.

나는 먼저 내 피부에 직접 테스트를 했다. 손만 대도 따가울 만큼 민감했던 내 피부는 실험의 장이 되었고, 수많은 실패와 시도 끝에 마침내 효과적인 사용법을 찾아냈다. 그 결과를 바탕으로 블로그에 사용 후기를 정리해 올렸고, 나와 비슷한 피부 고민을 가진 이들을 체험단으로 모집해 실제 반응을 확인했다.

신뢰로 문제를 해결하다

체험단 고객들과는 일주일에 한 번씩, 총 네 번 만나 피부 상태를 점검하고 변화를 기록했다. 그들의 피부가 점차 밝아지고, 여드름이 눈에 띄게 줄어드는 모습을 확인할 수 있었다. 4주 차가 되었을 때, 속 건조가 사라지고 손만 대도 아프던 여드름이 더 이상 나타나지 않는다는 고객들의 피드백은 나에게도 큰 감동을 주었다.

 이러한 경험은 고객들에게 눈에 띄는 변화와 깊은 만족감을 선사했다. 그들은 내 블로그에 체감한 변화를 후기 글을 남겨 주었고, 나는 고객의 동의를 얻어 비포와 애프터 사진을 활용해 스킨케어 클래스를 알렸다. 말로만 "이 제품이 좋습니다"라고 말하는 것보다, 실제 고객이 경험한 변화를 보여주는 방식은 신뢰를 형성하는 데 훨씬 더 강력한 효과가 있었다.

 특히, 거리상 방문이 어려운 고객들에게는 영상 통화를 통해 제품 사용법과 피부 관리 팁을 자세히 안내했다. 이러한 정성과 밀도 있는 소통은, 내가 단순한 판매자가 아닌 고객의 문제를 함께 해결해 나가는 진짜 동반자로 자리매김하게 해주었다. 피부가 개선되는 것을 직접 경험한 고객들은 점차 나에게 신뢰를 보내기 시작했고, 그 신뢰는 자연스럽게 비즈니스의 성장으로 이어졌다.

다이어트로 또 다른 문제를 해결하다

다이어트 또한 내가 겪은 문제를 타인의 문제 해결로 연결한 과정이었다. 임신 후 급격히 체중이 증가했고, 지인의 추천으로 한 브랜드의 셰이크를 먹기 시작했다. 하지만 그 셰이크가 사실을 정확히 인지하지 못한 채, 식사와 함께 먹는 실수를 범했다. 하루에 셰이크 두 잔과 간단한 식사를 병행하며 생활했지만, 결과적으로 임신 기간 동안 28킬로그램이 늘었다. 나중에서야, 그 셰이크가 체중 증가가 필요한 사람들을 위한 고영양 제품이었다는 것을 알게 되었다.

사실 체중 증가 자체는 큰 문제가 아니었다. 아이를 낳은 뒤에는 언제든 감량할 수 있을 거라 생각했기에 당시에는 크게 신경 쓰지 않았다. 하지만 나는 고객들의 고민을 진심으로 이해하고 공감하기 위해, 나는 이 체중 감량의 경험을 비즈니스 자산으로 삼기로 결심했다.

코로나19 팬데믹 시기, 많은 사람들이 체중 관리에 어려움을 겪고 있었다. 나는 나의 경험을 바탕으로 다이어트 프로그램을 제안했다. 고객들에게 단순히 제품을 판매하는 것이 아니라, 나의 이야기를 나누고 그들의 고민에 맞춘 솔루션을 제공한 것이다. 이러한 진정성 있는 소통과 맞춤형 제안을 통해 나는 1년에 15억 원의 매출을 기록하는 성과를 이뤄낼 수 있었다.

5장
재능을 나누고
콘텐츠로 성장하다

내가 가진 재능과 일상을 콘텐츠로 만들어 공유하기 시작했을 때, 그것이 비즈니스에 얼마나 큰 힘이 될 수 있는지 비로소 깨달았다. 단순히 제품을 팔려고만 하는 대신, 내 자연스러운 순간들 속에서 제품과 연결되는 이야기들을 나누기 시작했다. 그 과정에서 고객과의 관계는 더 깊어졌고, 나의 신성성을 느낀 고객들은 점점 더 나를 신뢰하게 되었다. 무엇보다도, 이 모든 과정을 억지로가 아닌 '즐거움'으로 이어갈 수 있었다는 것이 내게는 가장 큰 보상이었다.

일상의 콘텐츠화: 사람들과의 연결

비즈니스 초창기에는 단순히 제품 사진을 찍어 블로그에 올리거나, 제품의 장점을 문장으로 나열하곤 했다. 하지만 시간이 흐르면서 어떻게 하면 더 효과적으로 제품을 보여줄 수 있을까에 대한 고민이 생겼다.

그러던 중, 내가 즐겨 입던 옷이나 평소 자주 사용하던 주얼리를 활용해 스타일링 팁을 제공하거나, 집에서 제품을 사용하는 모습을 자연스럽게 담아내는 방법을 떠올렸다. 단순한 제품 나열이 아니라, 일상의 한 장면처럼 보여줬을 때 고객들은 훨씬 더 큰 흥미와 공감을 느꼈다.

예를 들어, 다이어트 제품을 소개할 때 단순히 효능만 강조하지 않았다. 대신 내가 즐겨 먹는 음식과 함께 다이어트 셰이크를 어떻게 즐기는지를 보여주며 '맛있고 실용적인 활용법'을 함께 전달했다. 또한 여행 중 사용할 수 있는 제품은 여행의 즐거움과 함께 소개하며 제품의 실제 사용 맥락을 함께 전했다.

어느 날, 한 고객이 블로그 댓글로 이런 말을 남겼다.

"사실 이 제품을 구매하려고 찾았던 건 아니고, 언니가 다양하게 올리는 정보들이 재밌기도 하고 유용하기도 해서 이웃 추가해 놓고 매일 들어와서 보거든요. 그러다 보니 언니가 소개해 주는 제품을 신뢰하게 됐어요."

이 댓글은 내게 큰 깨달음을 줬다. 사람들은 제품 그 자체보다 그 제품이 어떻게 쓰이는지, 그리고 그것을 통해 어떤 이야기가 만들어지는지를 궁금해한다는 사실이었다.

그날 이후 나는 고객의 일상과 연결되는 콘텐츠를 만들기 위해 더 많은 노력을 기울였다. 고객들은 내가 보여준 일상과 이야기를 통해 제품의 진짜 유용성을 느꼈고, 자연스럽게 구매로 이어졌다.

그 결과, 내 블로그는 단순한 판매 채널을 넘어 사람들과 교류하고 영감을 나누는 공간으로 자리 잡게 되었다. 많은 고객들이 말했다. "언니의 콘텐츠 덕분에 제품뿐만 아니라, 삶의 다양한 아이디어도 얻어요." 결국, 내 재능과 일상을 콘텐츠로 나누는 일은 판매 이상의 가치를 만들어냈다. 그리고 그 과정에서 나도 성장했고, 내 비즈니스도 함께 성장했다.

동네 플리마켓, 소소한 즐거움의 시작

내가 메리케이 컨설턴트였던 시절, 우리 동네에서는 일주일에 한 번씩 플리마켓이 열렸다. 나는 당시 매달 700만 원에서 800만 원의 수입을 올리고 있었기에 굳이 물건을 팔 필요는 없었다. 하지만 플리마켓에 나가는 이유는 장사가 아니었다. 사용하지 않는 새 물건들을 정리해 가지고 나가고, 주민들과 차 한잔을 나누며 이런저런 이야기를 주고받았다. 서로의 물건을 구경하고, 필요한 것이 있으면 소소하게 사고팔았다. 아이는 또래 친구들과 어울려 뛰어놀았다. 그런 시간이 참 즐거웠다. 플리마켓에서는 수익을 남겨야 한다는 부담감도 없었고, 매주 꼭 나가야 한다는 규칙도 없었다. 그래서 시간이 될 때 한 번씩 참여했지만, 사람들과 대화하고 소소한 일상을 나누는 이 시간이 소중하게 느껴졌다.

처음 플리마켓에 나간 날, 가져간 물건들을 모두 판매하고 빈손으로 집에 돌아오면서 말로 설명하기 어려운 묘한 에너지와 여운을 느꼈다. 메리케이에서 느꼈던 성취감과는 또 다른, 사람들과 직접 마주하며 나누는 소소한 즐거움이 가슴 깊이 남았다. 이웃들과 더 가까워지고, 그들의 일상 속에 자연스럽게 스며드는 느낌이 들었다. 이런 소박한 경험들이 새로운 활력으로 다가왔다.

어느 날은 사촌형님이 우연히 지나가다가 나를 발견하고 깜짝 놀라며 말했다.

"동서! 여기서 뭐 해? 이게 다 뭐야?"

순간 식은땀이 났지만, 바로 웃으며 응대했다.

"어머, 형님! 잘 오셨어요. 예쁜 옷들 아직 안 나갔으니까 얼른 골라 보세요!"

형님의 손을 잡고 옷을 보여드리며 스타일을 추천해드렸다. 형님은 물건을 한가득 사가며 무척 좋아했고, 심지어 빵까지 사주며 "다음 주에도 또 올게!"라고 웃으며 인사하셨다.

플리마켓에서 만난 고객들은 내가 나오지 않으면 맘 카페에 "언니 왜 안 나오세요?"라는 글을 남기기도 했고, 직접 전화를 걸어 안부를 묻기도 했다.

"언니 매대처럼 깨끗하고 예쁜 물건이 없더라. 다음에 나올 때 꼭 미리 알려줘."

이런 메시지를 받을 때마다 플리마켓이 단순한 거래를 넘어 유대감을 키우는 공간이라는 것을 실감했다. 고객들과 신뢰와 친밀감을 쌓아가는 이 과정은 내게 새로운 즐거움과 의미를 안겨주었다. 플리마켓은 내게, 함께 나누는 작지만 따뜻한 기쁨이자 사람과 사람을 이어주는 소중한 연결이었다.

재능을 나누니 변화가 시작되다

플리마켓뿐만이 아니었다. 나는 블로그와 카카오스토리에 나의 소소한 아이디어들을 나누며 콘텐츠를 만들어갔다. 예를 들어 천 원짜리 다이소 리본 끈 하나로 5만 원대 고급 선물처럼 포장하는 방법을 영상으로 찍어 공유하기도 했고, 간단한 꽃 한 송이로 집을 호텔처럼 꾸밀 수 있는 팁을 공유하기도 했다.

이런 콘텐츠들은 고객들에게 큰 반응을 얻었다. 한번은 아이 반찬으로 만든 멸치볶음을 블로그에 올렸다. "이건 멸치볶음이 아니라 '물엿볶음'입니다. 너무 딱딱해서 젓가락이 안 들어가요"라며 유머를 곁들였더니, 출근길에 블로그를 보며 웃음이 터졌다는 고객들의 메시지가 이어졌다.

고객들은 나의 일상에서 작은 즐거움과 공감을 느꼈고, 그로 인해 나와의 거리를 한층 좁히게 되었다. 그리고 그런 관계 속에서 신뢰가 쌓이자, 내가 추천하는 제품들도 자연스럽게 구매로 이어지기 시작했다.

작은 경험이 만드는 큰 변화

나는 메리케이 활동 중에도 "집에 잠자는 물건들을 현금으로 바꿔보세요."라며 고객들에게 소소한 경제 활동을 제안하곤 했다. 예를 들어, 설날이나 추석에 들어오는 참치, 햄, 양말 세트 등을 중고나라나 동네 맘 카페에 스토리를 붙여 판매해보라고 권했다. "이렇게 번 돈으로 배우고 싶던 것을 배우거나 꼭 필요한 물건을 구매해보세요. 작지만 재미있고 분명히 의미 있는 경험이 될 거예요."

그랬더니 고객으로부터 "언니 덕분에 처음으로 물건을 팔아봤어요. 오늘 번 돈으로 가족에게 맛있는 식사를 차려줬어요."라는 답변을 받기도 했다. 내가 올린 글이 누군가의 행동으로 이어지고, 그 행동이 따뜻한 결과로 이어진다는 사실은 나를 더 큰 기쁨과 보람으로 이끌어주었다.

재능은 나누면 두 배로 돌아온다

나는 종종 이렇게 말하곤 한다. "재능을 반드시 돈을 받고 팔 필요는 없어요. 재능을 나누면 두 배, 세 배로 돌아오게 됩니다."

내가 가진 작은 재능과 아이디어를 콘텐츠로 만들어 고객들과 공유했을 때, 그것은 재미를 넘어 신뢰와 우정을 형성하는 힘이 되었다. 그리고 그 신뢰는 고객들을 나의 오랜 파트너로 만들었다.

비즈니스는 물건을 사고파는 일이 아니다. 나의 재능과 일상을 나누고, 그 나눔을 통해 고객의 삶을 더 나아지게 만드는 여정이다. 재능을 나누고 콘텐츠를 만들어가는 이 과정은, 나를 더 크게 성장시키고, 사람들과의 관계를 더 깊고 단단하게 만들어주었다.

이제 나는 말하고 싶다.

"당신의 재능을 콘텐츠로 만들어 나누어보세요. 그 재능은 누군가의 삶에 변화를 일으킬 수 있는 놀라운 힘이 될 것입니다. 그리고 그 여정 속에서, 당신 역시 진정한 행복과 성취를 경험하게 될 것입니다."

꿈꾸는 몸을 현실로 만드는
내마다 다이어트

 코로나19 팬데믹으로 헬스장 이용이 어려운 상황이 이어지면서, 집에서 쉽게 따라 할 수 있는 다이어트 방법에 대한 고민이 깊어졌다. 화장품 공동 구매를 진행하며 많은 고객을 유치한 경험은 있었지만, 다이어트 제품을 다루는 것은 처음이었기에 신중한 연구와 준비가 필요했다.

 이렇게 수많은 고민 끝에 기획한 것이 바로 '내마다 다이어트'였다. '내 생애 마지막 다이어트'를 줄인 말로, 다이어트 실패로 지친 고객들에게 마지막 도전을 제안한다는 의미를 담았다. 이 프로그램은 단순히 제품을 판매하는 것을 넘어, 고객과 함께 변화와 성취를 이루고, 그 과정을 통해 진정한 비즈니스의 가치를 찾아가는 여정이었다.

나의 목표와 고객의 꿈

다이어트 프로그램을 시작할 때 고객들에게 물었다.

"어떤 몸을 닮고 싶나요?"

고객들은 자신이 닮고 싶은 사람의 사진을 고르며 목표를 시각화했고, 나는 지속적으로 그 이미지를 보며 꾸준히 상상하고 몰입할 것을 권했다.

나 역시 내가 닮고 싶은 모델 한혜진 씨의 사진을 뽑아 냉장고 문 앞, 지갑 안쪽, 휴대폰 대기 화면 등 눈에 자주 띄는 곳곳에 붙여두었다. 간식이 당길 때 지갑을 열면 한혜진 씨가 나를 바라보았고, 나는 속으로 말했다. "그래, 참자. 혜진 언니도 아무거나 막 먹진 않잖아."

작은 변화에서 시작된 노력

다이어트는 거창한 준비가 아니라 작은 실천에서 시작됐다. 나는 간단한 방법으로 일상 속에서 다이어트를 이어갔다.

- ☑ **식전에 깻잎 네 장 꼭꼭 씹어 먹기**
  깻잎은 식이섬유와 항산화 성분이 풍부해 포만감을 주고, 식사량을 자연스럽게 줄이는 데 도움을 줬다.

- ☑ 간식을 당근과 오이로 대체하기

  배고픔이 느껴질 때 칼로리가 낮고 식감이 좋은 채소를 섭취하며 건강한 간식 습관을 들였다.

- ☑ 한 끼를 시작하기 전에 물 한 잔 마시기

  물을 마시면 공복감을 줄이고 몸의 대사를 활발하게 만들어 체중 감량에 큰 도움이 된다.

- ☑ 조금 먹고 많이 움직이기

  세상에는 맛있는 음식이 너무 많아 안 먹을 수는 없다. 그러나 '조금만 먹고, 먹고 난 뒤 더 움직이자.'라는 다짐을 했다. 내가 한혜진 씨의 멋진 몸을 떠올리며 간식을 참고, 밥을 적당히 먹고, 스쾃 20개를 더한 것처럼, 고객들도 각자의 목표를 향해 작은 실천을 꾸준히 이어갔다.

집에서 시작된 작은 변화

나는 헬스장에 가지 않고 집에 있는 도구만으로도 충분히 멋진 성과를 낼 수 있다는 걸 몸소 증명했다. 가까운 층은 엘리베이터 대신 계단으로 오르내렸고, 티브이를 보며 틈틈이 홈트레이닝을 했다. 그중에서도 가장 간단하면서도 효과적인 방법은 누구나 집에 하나쯤은 가지고 있는 수건을 활용한 운동이었다.

처음 고객들에게 수건 운동 영상을 공유했을 때, 몇몇 고객들은 반신반의하며 물었다.

"언니, 진짜 이거 하면 살이 빠져요?"

나는 자신 있게 말했다. "10분만 해 보세요. 하고 나면 땀이 폭발할 거예요!"

수건을 양손으로 잡고 간단한 동작을 따라 하기만 해도, 팔살, 옆구리 살, 뱃살에 강한 자극이 전달되었고, 실제로 따라 한 고객들은 10분도 채 지나지 않아 전신에서 땀이 흐르기 시작했다고 전했다. 다음 날, 고객들은 하나같이 "옆구리가 엄청 당겨요. 이거 진짜 효과 있나 봐요!"라며 놀라움을 표현했다.

우리는 서로를 격려하며 일주일 동안 수건 운동을 꾸준히 병행했다. 그 결과, 매일 옷을 입을 때마다 스트레스를 주던 옆구리 살이 눈에 띄게 정리되기 시작했다. 한 고객은 이렇게 말했다.

"옆구리 살 때문에 단추가 잘 안 잠기던 바지가 이제는 편하게 잠겨요!"

일주일 만의 작은 변화들이 서로에게 큰 동기 부여가 됐다. '진짜 되네? 그럼 한 주만 더 해 볼까?'라는 마음으로 점점 더 열심히 운동에 임했고, 또 다른 일주일이 지나면서 고객들의 몸은 점점 자신이 원하는 라인에 가까워지기 시작했다.

함께 만들어낸 긍정의 결과

고객들과 함께 다이어트를 하니, 서로에게 긍정적인 영향을 주고받으며 함께 변화할 수 있었다. 고객들은 건강을 되찾고 체중 감량에 성공하며 자신감을 얻었고, 나는 그들의 변화 속에서 큰 보람과 에너지를 얻었다.

내마다 다이어트는 '어떻게 하면 고객들에게 더 나은 도움을 줄 수 있을까?'를 고민하며 그들의 문제를 함께 해결하는 여정이었다. 이렇게 진정성을 담아 지속적으로 노력하니, 매출은 자연스럽게 따라왔고, 재구매도 이어졌다.

한 고객은 이렇게 말했다.

"사이즈가 줄어들고, 더 밝아진 제 모습을 보며 스스로에게 자랑스러움을 느낍니다."

나 역시 처음부터 잘한 것은 아니었다. 수많은 시행착오를 거치며 배운 것은 하나였다. 고객의 문제를 내 문제처럼 고민할 때, 비즈니스는 자연스럽게 성장한다는 사실. 진짜 중요한 것은 '물건을 몇 개 팔았는가'가 아니라, '내가 누군가에게 어떤 도움을 줄 수 있었는가'를 진심으로 고민하는 자세다.

6장

도전의 끝

수소 제품과 다이어트 프로그램의 성공 이후, 나는 다시 한번 새로운 도전의 문을 열었다. 고객들의 건강과 체형을 변화시킨 경험을 바탕으로, 이제는 그들이 더 나은 삶의 질을 누릴 수 있도록 돕고자 했다.

그 첫걸음은 해외 구매 대행과 국내 주얼리 위탁 판매의 확장이었다. 이미 위탁 판매로 실전 경험을 충분히 쌓아온 나는, 새로운 시장에 도전하는 것이 두렵지 않았다. 중요한 건 각 모델의 특성을 정확히 이해하고, 그에 맞는 전략으로 나만의 방식으로 접근하는 것이었다.

대부분의 사람들은 중국 구매 대행을 시작할 때 저렴한 가격대의 대중적인 제품을 소싱하는 데 집중한다. 하지만 나는 의도적으로 남들과 다른 길을 택했다. 남들이 피하는 영역, 심지어 구매 대행을 가르치는 전문가들조차 '절대 하지 말라'고 말하는 카테고리, 바로 크고 무겁고 비싼 제품들, 특히 가구와 인테리어 제품에 집중했다. 리스크가 크지만 그만큼 신뢰와 만족도를 높일 수 있는 영역이기도 했다. 나는 이 틈새시장을 나만의 전략으로 깊이 파고들기로 결심했다.

해외 구매 대행은 그저 물건을 대신 구매해 주는 일이 아니다. 고객이 직접 접근하기 어려운 고가 제품을, 안전하고 정직하게 전달하는 일이다. 이 일은 단순한 거래가 아닌, 상담과 신뢰를 기반으로 한 정성의 작업이었다. 나는 펜션용 그네, 수백만 원대 정자, 커피숍 야외 가구처럼 무겁고 부피가 큰 제품에 집중했고, 상담부터 배송까지 고객과의 긴밀한 소통을 통해 신뢰를 쌓아갔다.

중국 배송 대행지와 협업해 제품 상태를 철저히 검수하고, 문제가 있으면 즉시 교환하거나 수리를 요청했다. 고객이 지불한 만큼의 가치를 온전히 전달하고자 한 이 자세는 결국 단골 고객과 추천으로 이어지며 비즈니스의 안정적인 성장 기반이 되었다.

물론 순탄하지만은 않았다. 소위 말하는 진상 고객도 있었다. 그중 한 고객은 제품을 받은 후 부서진 부분이 있다며 내게 50만 원을 요구했다. 플랫폼에 신고하지 않는 조건으로 보상을 요구하는 식이었다. 그러나 나는 제품 발송 전 이중, 삼중 포장과 완충 상태 사진 촬영을 철저히 진행했고, 배송 대행지를 통해 받은 사진을 고객에게도 전달하는 절차를 늘 지켜왔다. 또한, 배송사를 통해 확보한 영상에서도, 배송 기사는 고객 주장과 달리 제품을 질질 끌거나 거칠게 다루지 않았다. 오히려 매우 조심스럽게 문 앞에 내려놓는 모습이 명확히 담겨 있었다. 결국 통화 끝에, 제품은 고객이 개봉하는 과정에서 파손된 것으로 드러났다.

이 일을 통해 나는 다시 확신했다. 어떤 일이든 처음부터 겁먹을 필요는 없다는 것. 사람이 하는 일은 얼마든지 해결할 수 있고, 그 모든 경험은 결국 나의 무기가 된다. 나는 정직하게, 진심을 담아 비즈니스를 해왔다. 그리고 고객은 그런 태도를 알아보고, 나를 선택했다.

국내에서는 주얼리 판매를 병행하며 콘텐츠 중심 마케팅을 강화했다. 예쁜 제품을 보여주는 데에서 그치지 않고, 고객이 제품을 받았을 때의 감정과 분위기를 함께 전하고자 했다. 이 과정에서 얻게 된 고객과의 교감은 내 사업의 방향성을 더욱 뚜렷하게 만들어줬다.

사람들은 도전 앞에서 종종 말한다. "그 시장은 이미 포화야." "지금은 유튜브도 레드오션이야."

하지만 나는 생각이 다르다. 중요한 건 시장이 아니라, 나만의 방식이다. 내가 잘할 수 있는 분야, 내가 진심으로 공감할 수 있는 고객, 그리고 내가 진짜 좋아하는 일이 있다면, 기회는 언제나 존재한다.

사업은 누군가의 기준에 맞추는 일이 아니라, 내 길을 내가 결정하는 여정이다. 실패는 두려운 것이 아니라, 방향을 조정하고 더 나은 전략을 발견하게 해주는 과정이다. 나는 늘 시행착오를 겪으며 그 안에서 길을 찾았다. 단기 수익보다 장기 신뢰를 택했기 때문에 지금의 내가 존재하고, 앞으로도 그 선택을 변함없이 이어갈 것이다.

이제 나는 단순한 판매자를 넘어, 삶의 변화를 제안하는 리더로 자리하고 있다. 잠재의식의 힘을 강조한 조셉 머피의 말처럼, "우리가 집중하는 것이 곧 우리의 현실"이 된다. 내가 믿는 방향, 내가 선택한 길, 내가 책임지는 태도… 그 모든 것이 지금의 나를 만들었고, 앞으로의 나 또한 그렇게 만들어질 것이다.

지금 나는 또 하나의 새로운 여정을 준비하고 있다. 퇴근 후에도 수익을 만들 수 있는 구조, 아이를 돌보면서도 병행할 수 있는 일, 나이나 환경에 제약받지 않고 누구나 시작할 수 있는 콘텐츠 기반의 세일즈 시스템을 개발 중이다. 그 시스템을 통해 15억 원의 매출을 만든 나의 경험을 나누고자 한다. 누군가에게는 불가능처럼 느껴지는 그 가능성을, 나는 직접 증명하고 싶다.

나는 확신한다. 콘텐츠 중심의 진정성 있는 전달은 언젠가 반드시 사람의 마음을 움직인다. "사장님의 글은 달라요. 판매가 아니라, 진심이 보여요." 진심은 느리지만, 반드시 통한다.

내 인생은 평탄하지 않았다. 늦었고, 넘어졌고, 때로는 바닥까지 떨어졌지만 그만큼 더 깊고 넓은 세상을 배울 수 있었다. 실패는 내 가장 값진 자산이 되었고, 아픈 경험은 나를 단단하게 만들었다. 그 시간을 겪으며 만들어낸 콘텐츠와 노하우가 지금 누군가에게 위로가 되고 출발점이 된다면, 나는 이 전진을 멈출 이유가 없다.

우리는 모두 인생에서 반드시 붙잡아야 할 'Why'를 가져야 한다. 즉 '왜 이 길을 가야 하는가'에 대한 이유를 가져야 한다. 왜 이 길을 선택했는지, 왜 멈추지 말아야 하는지를 아는 순간, 실패도, 불안도 더 이상 우리를 꺾지 못한다. 이유가 분명해지면, 우리는 오늘도 흔들림 없이 한 걸음을 내디딜 수 있고, 내일의 불확실함 앞에서도 끝까지 전진할 수 있는 힘을 얻게 된다.

그래서 나도 오늘, 나만의 Why를 품고 나아간다. 나의 콘텐츠, 나의 목소리, 나의 글 한 줄이 누군가의 인생에 새로운 실이 되리라는 믿음. 그 믿음이 지금의 나를 만들었고, 앞으로의 나를 움직이는 원동력이 된다.

아무리 비즈니스 전략과 실행이 완벽하더라도 그 모든 기반은 결국 '내면의 힘', 즉 마인드에서 비롯된다는 사실을 나는 수많은 도전 속에서 깨닫게 되었다. 겉으로 아무리 성공한 것처럼 보여도 내 안이 흔들리면 모든 것이 무너진다. 수많은 선택의 기로에서, 예측할 수 없는 변수 앞에서 끝까지 나를 붙잡아준 것은, 바로 내 안의 '확신'이었다. 이제 나는 단지 돈을 벌기 위해서가 아니라, 진심을 담은 삶을 살기 위해 도전한다. 그리고 그 진심은 '끌어당김의 법칙'과 '마인드의 힘'이라는 이름으로, 다음 이야기를 시작한다.

꿈을 현실로 만드는
단계별 실천 전략

SMART 목표 설정법

목표 설정과 실천은 삶을 변화시키는 강력한 도구다. 단순히 바라는 데서 그치지 않고, 구체적이고 단계적인 계획을 세우는 과정이 반드시 필요하다. 이때 'SMART 목표 설정법'을 통해 목표를 구체적이고, 측정 가능하며, 달성 가능하고, 관련성 있으며, 시간에 제한된 방식으로 설정할 수 있다.

Specific: 구체적이어야 한다

많은 사람이 "월 1억을 벌고 싶다."라고 말하지만, 그 수익을 구체적으로 어떻게 실현할 것인가에 대해서는 구체적인 계획을 세우지 않는 경우가 많다. 물론 자기 확언이나 시각화(이미지 트레이닝)도 중요하지만, 목표를 현실로 만들기 위해서는 실행 중심의 전략과 계산이 반드시 필요하다.

예를 들어 '한 달에 1억을 벌겠다'는 목표를 세웠다면, 필요한 고객 수는 몇 명인지, 어떤 상품 혹은 서비스를 판매할 것인지, 마케팅은 어떤 채널로 진행할 것인지, 하루에 몇 시간을 투자해야 하는지 등 구체적 수치와 전략이 반드시 뒷받침되어야 한다. 목표가 구체적일수록, 그 목표를 향해 지금 당장 무엇을 해야 할지가 분명해진다.

Measurable: 측정 가능해야 한다

목표는 반드시 측정 가능해야 한다. 예를 들어 매출 목표를 세운다면, 수치를 통해 진행 상황을 점검하고 조정할 수 있어야 한다.

온라인 위탁 판매 사업을 할 때 나는 매달 새로운 매출 목표를 설정했다. 초기에는 원하는 수치에 미치지 못했지만, 꾸준히 고객이 늘어나면서 매출도 점차 상승했다. 그중 하나의 예로, 나는 하루 200만 원 매출을 목표로 삼았다. 이를 한 달 기준으로 환산하면 약 6,000만 원. 당시 판매 제품의 마진율은 평균 30~35퍼센트였기 때문에, 매출 6,000만 원일 경우 순수익은 약 1,800만 원~2,100만 원 정도가 되는 셈이었다.

이처럼 목표를 세울 때 일일 매출과 마진율을 바탕으로 월간 수익을 구체적으로 시뮬레이션해보면, 목표에 가까워지고 있다는 실감을 얻을 수 있다. 그리고 이 수치들은 매일매일의 행동에 강력한 동기 부여가 된다.

Achievable: 달성 가능해야 한다

현실적인 목표 설정은 자신감을 북돋우고, 성취감을 높이는 중요한 열쇠다.

처음부터 "1년에 10억 매출을 내자." 혹은 "15억 매출을 달성하자."라는 식의 거대한 목표를 세웠다면 그 수치가 너무 멀게 느껴져 오히려 동기를 잃었을지도 모른다. 하지만 큰 목표를 작게 쪼개고, 월 단위, 일 단위의 실행 가능한 목표로 나누기 시작하면서 그 숫자들은 점점 실현 가능한 수치로 다가왔다.

예를 들어 연 매출 15억 원을 목표로 설정하면 한 달에 약 1억 2,500만 원, 하루에 약 416만 원의 매출이 필요하다. 막연했던 15억이 구체적인 일일 과제가 되자, 매일 도전하고 성취할 수 있는 현실적인 수치로 인식되기 시작했다. 이처럼 목표는 크게 잡되, 작게 나누는 전략이 필요하다. 그 작은 수치들이 쌓이면 결국 큰 성과를 만들어낸다.

매출을 높이기 위한 제품 선택과 전략

매출이 증가하려면 판매 단가가 높은 제품이 반드시 필요하다. 초기에는 화장품을 주로 판매했지만, 고가의 화장품은 반복 구매를 유도하기 어렵다는 한계가 있었다. 그래서 나는 제품군을 재구성하기로 결정했고, 고객이 지속적으로 관심을 가질만한 제품을 고민한 끝에 주얼리 카테고리 입점을 선택했다.

귀금속 소재의 주얼리를 취급하며 기존 건강 기능 식품이나 의류보다 높은 단가와 마진을 확보할 수 있었다. 또한 고객과의 꾸준한 소통을 통해 선호도를 파악하고 맞춤형 서비스를 제공하면서 신뢰도 함께 쌓아갔다. 그 결과, 매출 단가는 높아지고 내 온라인 사업장의 분위기도 점점 고급스럽게 변화해갔다.

이렇듯 매출 목표를 달성하려면 제품군을 전략적으로 구성하고, 고객의 니즈와 시장 흐름을 분석해 적절한 제품을 선별 입점하는 안목이 필요하다.

Relevant: 관련성이 있어야 한다

목표가 삶의 중요한 가치이거나, 가족의 필요와 연결될 때, 그 목표를 향한 동기와 실행력은 더욱 강해진다. 평소에는 월 단위로 매출 목표를 설정해 일하지만, 특별한 목적이 생기면 목표 금액과 방향을 다르게 설정하며 집중한다.

최근 아이가 로봇 공학에 관심을 보이기 시작했고, 나는 아이가 좋아하는 분야에서 더 성장할 수 있도록 다양한 진로와 교육 기회를 찾기 시작했다. 그 과정에서 아이가 원하는 공부를 할 수 있는 해외 학교를 발견하게 되었고, 이전과는 차원이 다른 결심과 실행이 필요했다. 단순한 이사가 아니라 한국에서 해외로의 이주였고, 학비와 주거비 등 만만치 않은 자금이 필요했다. 그러나 나는 목표 금액을 명확히 정하고 3개월 동안 집중해서 일에 몰입한 결과, 필요한 자금을 모두 마련할 수 있었다.

목표가 단순한 수익 창출을 넘어 가족의 꿈과 필요를 위한 수단이 되었을 때, 그 동기와 성취감은 훨씬 더 커진다는 것을 실감했다.

Time-bound: 시간에 제한이 있어야 한다

목표에 시간제한을 두면, 집중력을 극대화할 수 있다.

메리케이 비즈니스를 하던 시절, 시간제한은 동기를 끌어올리는 가장 강력한 요소 중 하나였다. 메리케이에는 다양한 프로모션이 있었고, 모두 기한이 명확히 설정되어 있었다. 예를 들어, '홍콩·마카오 프로모션'은 6월 1일부터 8월 31일까지 진행되었고, 그 기간 안에 목표를 달성하기 위해 전력을 다해 집중하게 만들었다.

만약 시간제한이 없었다면 그만큼의 집중력을 발휘하기

어려웠을 것이다. 홍콩·마카오 프로모션이 끝나기 전 3시간 동안 300만 원의 매출을 만들어냈던 그 짜릿한 순간은 지금도 잊을 수 없는 경험으로 남아 있다. 기한이 있었기에, 무의식 중에도 목표를 향해 전력 질주할 수 있었던 것이다.

목표를 설정할 때는 지나치게 긴 기간보다, 3개월 또는 6개월처럼 적당히 짧은 시간 제한을 두는 것이 효과적이다. 그렇게 하면 목표에 대한 몰입도는 물론, 단기적인 성취감도 함께 얻을 수 있다. 시간 제한은 단순한 마감선이 아니다. 목표를 향해 빠르게 달려가게 만드는 추진력이며, 그 과정을 통해 자신을 성장시키는 귀중한 도구다.

작은 성공으로 큰 꿈을 이루는 방법

큰 목표를 이루기 위해서는 작은 성공의 경험을 쌓는 것이 중요하다. 다음은 매일 실천할 수 있는 구체적인 방법들이다.

하루에 10분씩 목표 관련 책 읽기
지식과 영감을 쌓는 이 습관은 새로운 아이디어를 떠올리게 하고, 동기를 북돋우며 목표 달성에 필요한 역량을 기르는 데 큰 도움이 된다.

매일 한 개의 작은 목표 설정 및 달성

메리케이 사업을 할 때는 하루에 다섯 명 이상의 고객을 만나는 것을 작은 목표로 삼았다. 온라인 비즈니스를 시작하면서부터는 매일 한 건의 후기를 받도록 노력하고, 블로그에 게시글 두 편을 업로드하는 것을 실천 목표로 삼았다. 이러한 작은 목표들을 매일 성실히 실천하려고 노력한 결과, 점차 눈에 보이는 성과로 이어지기 시작했다. 크고 거창한 도약보다는, 일상 속 작지만 꾸준한 실행이 결국 변화를 만든다.

작지만 꾸준히 실천할 수 있고 수입으로 연결될 수 있는 목표야말로 가장 효과적이다. 매일 조금씩 쌓아 올린 작은 성공들이 결국 큰 성취로 이어진다. 하루에 실천 가능한 작은 목표를 설정하고 꾸준히 실천해 보자. 이러한 과정에서 느끼는 성취감과 자신감은 더 큰 꿈을 현실로 만드는 강력한 원동력이 되어줄 것이다.

자기 점검 시간 갖기

매일 저녁, 하루 동안 이룬 것을 점검하고 성찰하는 시간을 갖는다. "오늘 목표를 이뤘는가?", "내일 목표는 무엇인가?" 등을 자문하며 더 나은 계획을 세워나간다.

실천 전략

주간 목표 설정과 점검

한 주의 시작에는 주간 목표를 세우고, 그 목표를 이루기 위한 작은 실천 항목들을 하루하루 나누어 실행해 보자. 금요일에는 일주일간의 실천을 점검하고, 새로운 주를 준비하는 루틴을 만들어보자.

매일의 성과와 감정을 짧게 기록하기

가능하다면 가까운 사람과 목표를 공유하자. 목표를 나눈다는 것만으로도 강력한 동기 부여가 된다.

 이러한 작지만 꾸준한 실천 전략은 결국 큰 꿈을 현실로 이끄는 견고한 디딤돌이 된다. 매일 조금씩 나아가는 것. 그것이 꿈을 이루는 가장 확실한 방법이다.

V

끌어당김의 법칙
꿈을 현실로 만드는 방법 1

1장
샤머니즘의 굴레를 벗고, 마인드의 힘으로 서다

나는 늘 '내 인생은 내가 주도한다'는 자존감을 가지고 있었다. 메리케이에서의 성과, 핑크 카 수상, 해외여행 프로모션 달성, 베스트 트레이너 선정, '팀 빌딩 퀸'이라는 별명까지. 이 모든 성취는 스스로에 대한 확신을 더욱 단단하게 만들었다. 목표를 세우고, 도전하고, 결과를 만들어가는 그 과정 속에서 삶의 방향은 내가 선택할 수 있다는 자신감이 자연스럽게 자리 잡았다.

그러나 온라인 비즈니스로 전환하면서 균열이 생기기 시작했다. 매출이 오를수록 이상하게도 불안이 커졌다. 돈이 많아지면 모든 문제가 해결될 줄 알았지만, 오히려 마음속 두려움이 더 깊어졌다. 자신을 성장시키는 일은 제쳐둔 채, 수치에 집착하며 눈앞의 매출만 좇았던 게 불안의 근본 원인이었다.

불안은 곧 외부에 의지하게 만들었다. 철학관과 점집을 전전하며 조언을 들었다. 이름을 바꾸라는 말에 바로 개명했고, 부적을 쓰라면 주저 없이 따랐다. 지갑엔 부적 일곱 장이 들어 있었고, 예명도 여섯 번이나 바꿨다. 사업자 명도 자주 바뀌었다. 고객들은 웃으며 말했다. "언니, 이름 좀 그만 바꿔요~ 인터넷에서 찾는 데 한참 걸렸어요." "이제는 그냥 실명을 알려줘요, 너무 헷갈려요." "잘되니까 이제 바꿀 필요 없을 것 같은데요?"

겉으론 웃었지만 속은 복잡했다. 왜 이렇게 흔들리는 걸까? 인생의 키를 내가 쥐고 있다고 믿었지만, 사실은 두려움을 외부에 떠넘기며 그저 위안을 구하고 있었던 것이다.

그런데 곰곰이 생각해보면, 나는 하나님의 임재를 직접 경험한 사람이었다. 임신 4주 차 대상포진으로 의사로부터 중절을 권유받았던 시절, 그 혼란 속에서 꾼 한 편의 꿈이 내 믿음을 다시 일으켜 세워주었다.

하얀 옷을 입은 예수님이 신생아실에 있었다. 그의 품에는 아기가 안겨 있었다. 예수님은 내게 다가와 말씀하셨다. "아이의 얼굴과 손, 발을 보아라. 지금 데려가면 근심이 클 테니 내가 잘 돌보다 너에게 보내주겠다." 나는 그 말에 눈물을 흘리며, 꿈속에서 아멘을 외쳤다. 그리고 잠에서 깬 뒤에도 그 장면은 너무나 선명하게 남아 있었다. 그 믿음 덕분에 불안한 출산을 무사히 견디고, 건강하고 예쁜 아이를 품에 안을 수 있었다.

하지만 시간이 흐르자, 나는 다시 삶에 쫓기기 시작했다. 현실의 무게가 커질수록 믿음은 흔들렸고, 어느새 하나님보다 점집의 말에 더 귀를 기울이고 있었다. 이름을 바꾸고, 부적을 들고 다니며 그들이 내 운명을 책임져줄 것처럼 착각했다.

그러던 어느 날, 마지막으로 점집을 찾았을 때 돌아가신 할아버지의 목소리를 전해 들었다. "이제 이런 데 오지 마라. 하늘에서 네가 잘되도록 지켜보고 있다. 그리고 아가, 손주를 예쁘게 잘 키워줘서 참 대견하다." 그 순간, 눈물이 멈추지 않았다. 나의 방황을 알고 계셨다는 사실에 부끄러움과 감사가 동시에 밀려왔다.

그날 이후, 나는 마음을 다잡았다. 더 이상 외부의 말에 흔들리지 않겠다고. 마인드의 힘을 배우기로 했다. 불안이 몰려올 때마다 긍정적인 말로 스스로를 붙잡았고, 외부의 소음보다 내 안의 신호에 더 귀를 기울였다. 매출에 집착하던 태도도 달라졌다. 이제는 성장하는 나 자신과, 고객과의 진심 어린 관계를 더 중요하게 여긴다.

고객들에게도 솔직히 털어놓았다. "저도 점집에 의존하던 시절이 있었어요. 이름을 바꾸고 부적을 쓰던 시절도요. 하지만 지금은 제 삶을 제가 설계합니다. 여러분도 여러분 자신을 믿어 보세요. 미래는 누가 정해주는 것이 아니라, 스스로 만드는 것입니다."

이제는 이름도, 방향도, 중심도 단단히 잡혔다. 진심은 고객들에게도 전해졌다. "언니 요즘 정말 안정되어 보여요. 믿음이 더 가요."라는 피드백은 가장 큰 격려다.

흔들리던 과거의 나에게 이렇게 말해주고 싶다. "괜찮아, 누구나 약해질 수 있어. 하지만 중요한 건 다시 중심을 잡는 용기야. 그 용기의 출발점은 마인드의 힘이야."

그리고 지금, 삶 앞에서 흔들리고 있는 당신에게도 전하고 싶다.

변화는 거창한 계획에서 시작되지 않는다. 작은 결심 하나, 흐트러진 마음을 다시 다잡는 그 순간의 선택에서 시작된다. "지금은 환경이 받쳐주지 않아." "운이 없으니 부적으로라도 보완하자." 이런 말들은 결국 당신을 더 불안하게 만들 뿐이다. 정말 중요한 건, 당신 안의 내면이다.

이미 당신 안에는 삶을 다시 세울 수 있는 힘이 있다. 누군가의 조언이 아니라, 당신 스스로의 선택과 책임이 인생을 바꾸는 출발점이다. 불안이 밀려올 때마다, 이 말을 기억하자.

내 미래는 내 손에 달려 있다.

그리고 그 손으로 지금, 다시 방향을 잡아라.

2장
독서로 재설계하는 삶

마인드파워를 배우게 된 결정적인 계기는 아이의 초등학교 입학이었다.

초등학교 생활은 유치원과는 시스템이 전혀 달라 적응하는 데 혼란이 컸다. 학교에서 제공되는 정보는 부족했고, 학교와도 제법 거리가 있어 다른 학부모들과 자연스럽게 소통할 기회가 거의 없었다. 작은 준비물 하나, 체험 학습 관련 사항 하나하나가 불확실했고, 명확한 안내가 없어 매번 고민 끝에 이것저것 잔뜩 챙겨 보내는 일이 반복되었다. 그러다 체험학습을 앞두고 도시락, 물, 멀미약 등의 준비물이 명확히 기입되어 있지 않아 결국 선생님께 직접 연락해 문의해야 했다. 선생님은 근처에 사는 학부모들끼리 서로 정보를 나누다 보니 내게는 전달이 잘 안됐던 것 같다고 했다. 이 말을 들으니 나처럼 소외된 학부모가 많을 것 같았다.

때마침 학부모 연수가 열린다는 공지가 E-알리미로 떴다. 나는 주저 없이 신청했고, 연수에 참석하면서 학부모회 임원들과 소통할 수 있는 기회를 얻게 되었다. 그 자리에서 나는 각 반마다 '스마트폰 반 단체 대화방'이 필요하다는 의견을 제시했다. 이 제안은 받아들여졌고, 이후 학부모회는 각 반마다 대표를 정해 단체 대화방을 운영하기 시작했다. 많은 학부모들이 정보를 주고받으며 큰 도움을 받았다고 했다. 이를 계기로 아이와 학부모 들에게 도움이 되고 싶다는 마음을 담아 학부모회 활동을 시작하게 되었다.

학부모회 활동을 이어가던 중, 나는 내 부족함과 마주했다.

임원으로서 여러 회의를 주관하면서, 내 언어에 대해 불만과 위축감이 들기 시작한 것이다. 다른 학부모들의 말에는 지식과 경험이 묻어났고, 그에 비해 내 표현은 어딘가 미숙하고 초라하게 느껴졌다. 자연스레 말수를 줄이게 되었고, 겉보기엔 타인의 의견을 경청하는 모습이었겠지만, 실상은 내 생각을 정확하게 표현할 자신이 없어 말하지 못한 것이었다.

항상 새로운 것을 열심히 배우고, 사업적으로도 성과를 이루고 있었지만, 정작 내 말에는 깊이가 없었다. "좋네요.", "그렇게 합시다."와 같은 피상적인 말로 대화를 이어가며 나의 무지가 드러나지 않도록 애쓰는 스스로를 보며 실망감이 밀려왔다.

왜일까. 그 이유를 곰곰이 되짚던 나는, 어느 순간 한 가지 분명한 사실을 깨달았다. 오랫동안 책을 읽지 않고 살고 있었다는 것. 학창 시절에는 책 읽기를 좋아했지만, 사회생활과 육아에 치이다 보니 어느새 독서와 완전히 멀어진 삶을 살고 있었던 것이다. 이 사실을 자각한 순간, 나는 바로 서점으로 향했다. 그리고 내 안의 결핍을 채워줄 몇 권의 책을 집어 들었다.

그런데 놀랍게도, 한글로 쓰인 책을 읽고 있음에도 내용이 제대로 이해되지 않았다. 마치 까막눈이 된 것처럼, 단어는 알겠는데 뜻은 잡히지 않았다. 그제야 내 문해력이 얼마나 부족한지 절실히 깨달았다.

'이대로는 안 되겠다'는 위기감에 근처 도서관에서 운영하는 독서 모임에 참여했다. 하지만 몇 번 가지 않아 지쳐서 그만두고 말았다. 그러던 어느 날, 우연히 조성희 대표님의 독서 코칭 과정을 알게 되었다. 그리고 그 만남은, 내 인생을 완전히 바꾸는 전환점이 되었다.

매주 한 권의 책을 읽고, 읽은 내용을 조원들과 나누며 요약하고 정리하는 시간을 가지면서 나는 점차 책 읽기의 즐거움과 중요성을 깨닫게 되었다. 처음에는 철학적인 어려운 책들이 도무지 이해되지 않아 유튜브에서 해설을 찾아 듣고 보완하며 겨우겨우 따라갔다. 시간이 지날수록 책 속의 글자들이 의미로 다가오기 시작했다. 이해하지 못했던 단어와 문장들이 점차 내

것이 되었다.

가장 큰 변화는 사고와 언어에서 나타났다. 예전에는 외기만 했던 단어들이 이제는 내 생각과 연결되었고, 그것을 다른 사람들에게 설명할 수 있는 수준까지 발전했다. 학부모 활동에서도 나는 더 이상 수동적으로 끄덕이는 역할에 머물지 않고, 내 의견을 당당히 말하며 주도적으로 이끌게 되었다.

아이를 위해 시작했던 학부모회 활동은 결국 나를 위한 배움의 장이 되었다. 그 활동 덕분에 다시 시작한 독서는 지식과 통찰력을 선물해주었다.

독서를 통해 나는 내 삶을 새롭게 바라보는 힘을 얻었다. 이제 독서는 단순한 취미나 선택이 아닌, 매일의 일상이자 반드시 지켜야 할 습관이 되었다.

책 속에서 만난 마인드파워는 나의 내면을 성장시키는 든든한 기반이 되었다. 아이와의 소통, 나 자신의 발전, 그리고 사업의 방향까지 더욱 또렷하게 바라볼 수 있게 되었다.

지금도 나는 하루에 적어도 한 시간은 책을 읽는다. 진정한 나를 찾고, 삶의 새로운 가능성을 열어주는 이 귀중한 시간을 더 이상 놓칠 수 없다.

3장
끌어당김의 법칙,
마음과 행동의 조화

끌어당김의 법칙에 대해 처음 들었을 때, 나 역시 많은 사람들처럼 "그냥 상상만 하면 이루어진다?" 하고 반신반의했다. 하지만 메리케이에서의 경험은 이 법칙을 단순한 이론이 아닌 현실적인 도구로 받아들이게 만들었다. 목표 설정과 동기 부여가 일상처럼 자리 잡은 환경에서 나는 끌어낭심의 법칙을 몸으로 체득해 갈 수 있었다.

특히 꿈의 지도를 만들어 미래를 시각화한 과정은 목표를 구체화하고 그 목표가 현실로 다가오게 하는 강력한 힘이 되었다. 처음에는 긍정적인 마음과 노력이 성공의 전부라고 생각했지만, 시간이 지날수록 나는 깨닫게 되었다. 내가 이루어낸 많은 성과들 뒤에는 끌어당김의 법칙과 잠재의식의 힘이 자연스럽게 작동하고 있었음을. 내가 상상했던 꿈의 이미지는 시간이 흐르며 하나둘 현실로 나타났고, 이는 지금도 나의 삶을 이끄는 중요한 원동력이 되고 있다.

끌어당김의 법칙과 밥 프록터의 가르침

밥 프록터는 그의 강의와 책 『밥 프록터 부의 확신』에서 "당신이 무엇을 생각하고, 무엇에 집중하느냐가 당신의 현실을 결정한다"라고 강조한다. 그는 끌어당김의 법칙이 단순한 상상에 머무를 때는 꿈일 뿐이며, 행동과 연결될 때 비로소 현실이 된다고 말한다.

그가 말하는 끌어당김의 법칙의 세 가지 핵심 원리는 다음과 같다.

1. 명확한 목표 설정: 원하는 것을 구체적으로 정의하고, 그것을 생생하게 상상하는 것.
2. 감정적 몰입: 목표가 이미 이루어진 것처럼 느끼며, 그 상태에 진심으로 감사하는 것.
3. 행동으로 옮기기: 상상을 바탕으로 구체적인 실천 계획을 세우고 행동하는 것.

이 원리는 내가 메리케이에서 배운 것과도 일치했다. 단순히 꿈꾸는 데 그치지 않고, 목표를 생생하게 시각화하며 그 목표를 이루기 위한 행동을 꾸준히 실천했기 때문에 나는 핑크 카 수상, 멘토 강사, 해외여행, 세미나 무대의 주인공과 같은 꿈을 현실로 만들 수 있었다.

상상과 행동의 조화

많은 사람들이 『시크릿』과 같은 책을 읽고 끌어당김의 법칙을 단순히 '원하면 이루어진다.'는 개념으로 오해한다. 그러나 이 법칙은 상상만으로 끝나지 않는다. 밥 프록터는 이렇게 말한다. "당신의 잠재의식은 행동의 방향을 제시하는 설계도와 같다. 그 설계도가 명확해야만 현실에서 실천 가능한 단서를 제공한다."

나 역시 이 사실을 경험을 통해 확신하게 되었다. 아이의 학교 문제로 인해 이사를 결심했지만, 당시 부동산 경기가 좋지 않아 집이 좀처럼 팔리지 않았다. 조급한 마음이 들었지만, 나는 화장품 세일즈에서 배운 끌어당김 실천법을 떠올렸다. 매일 이 집이 좋은 주인을 만나 판매되는 모습을 상상하며, 새집에서 아이가 행복하게 생활하는 장면까지 구체적으로 그렸다. 그러면서 현실적으로도 필요한 준비를 하며 꾸준히 행동으로 옮겼다. 그 결과, 예상보다 더 좋은 조건으로 집이 판매되었다.

또 다른 사례로, 일주일 만에 순수익 600만 원 이상을 만들어야 했던 적이 있었다. 처음엔 솔직히 의구심도 들었다. 하지만 '나는 반드시 해낼 수 있다'는 마음가짐으로 목표를 설정하고, 제품이 잘 팔리는 장면을 매일 시각화했다. 그와 동시에 고객들과 적극적으로 소통하며 SNS, 커뮤니티, 지인망 등을 활용해 꾸준히 홍보 활동을 이어갔다. 그 결과, 예상보다 빠르게 목표를 초과 달성했고, 필요했던 금액도 무리 없이 마련할 수 있었다.

스크립팅의 활용

최근 유튜브 채널 '라이프 바이 루시'의 운영자 루시의 성공 사례를 통해 스크립팅이라는 도구를 알게 되었다. 스크립팅은 원하는 목표를 이미 이루어진 것처럼 글로 적고, 그 목표에 감사하며 실천력을 높이는 방법이다.

루시는 매일 자신의 목표를 마치 현실처럼 적으며, 아침저녁으로 그 내용을 읽고 감정적으로 몰입했다.

그녀는 구체적으로 다음과 같이 썼다.

"감사합니다. 제 계좌에는 돈이 풍족하게 들어와 있고, 저는 그 돈을 즐겁고 현명하게 사용하고 있습니다."

"감사합니다. 제 콘텐츠가 수백만 뷰 조회 수를 기록하며 긍정적인 영향을 주고 있습니다."

결과적으로 그녀는 자신이 설정했던 모든 목표를 이뤘다. 이 사례는 큰 영감을 주었다. 나도 메리케이에서 일하던 시절에는 끌어당김의 법칙을 자연스럽게 활용하고 있었다. 회사 특유의 체계적이고 동기를 자극하는 시스템 덕분에 나는 늘 목표를 구체적으로 시각화하고, 그 목표를 향해 꾸준히 행동에 나설 수 있었다. 하지만 온라인 위탁 판매를 시작하면서부터 그 중요한 습관을 점점 잊고 말았다. 매일 목표를 떠올리고 행동하던 루틴은 무너졌고, 현실적인 문제들에 매몰된 나는 끌어당김의 법칙을 제대로 활용하지 못했다. 지금 돌아보면, 그때 그 습관을 나만의 방식으로 계속 발전시켜 나갔다면 지금보다 더 큰 성장을 이룰 수도 있었을 것이다.

하지만 괜찮다. 지금이라도 그 중요성을 다시 깨달았고, 과거에 내가 이 법칙을 통해 성취했던 경험이 지금의 나에게 다시금 도전할 용기와 확신을 주고 있으니까.

마음과 행동의 연결

밥 프록터는 "생각은 현실의 첫 번째 단계"라고 말했다. 하지만 생각에 머물지 않고, 그것을 행동으로 옮기는 것이 성공의 열쇠다. 끌어당김의 법칙은 상상과 행동이 조화를 이룰 때 비로소 실현된다.

목표를 이루기 위해 중요한 것은 다음과 같다.

1. 구체적인 목표 설정: 이루고 싶은 것을 명확히 정의하고 생생하게 시각화한다.
2. 긍정적인 감정 몰입: 목표가 이미 이루어진 것처럼 느끼며 그 상태에 감사한다.
3. 행동으로 연결하기: 상상에서 얻은 에너지를 바탕으로 구체적인 실천 계획을 세우고 실행한다.

이 세 가지는 끌어당김의 법칙을 실제로 적용할 수 있는 핵심 원리다. '생각'은 단지 출발점일 뿐이다. 명확한 목표, 그리고 그 목표에 몰입한 감정은 우리를 행동으로 이끄는 강력한 에너지가 된다. 하지만 가장 중요한 건 결국 행동이다. 아무리 목표가 분명하고, 감정적으로 몰입했더라도 행동이 따르지 않으면 현실은 달라지지 않는다.

내가 메리케이에서 성공을 이루었을 때도 이 세 가지 원리를 자연스럽게 실천하고 있었다. 매달 도전할 판매 목표를 구체적으로 설정하고, 그 목표를 이룬 나의 모습을 매일 생생하게 떠올렸다. 그리고 매일 고객과 만나고 소통하며 행동으로 옮겼다. 그렇게 머릿속에서만 존재하던 목표는 점점 현실이 되었고, 결국 나는 '핑크 카'라는 큰 꿈까지 이룰 수 있었다.

꿈을 현실로 만드는 여정

이처럼 끌어당김의 법칙은 여러 신기한 경험들을 통해 더욱 확고해졌다. 목표를 구체적으로 시각화하고, 그것을 현실로 만들기 위해 꾸준히 행동에 옮길 때, 법칙은 삶에 놀라운 기적들을 선사한다.

이제는 당신 차례다. 스스로를 믿고, 당신의 꿈을 구체적으로 그려보라. 원하는 목표를 명확히 설정하고, 그 목표가 이루어진 모습을 매일 감사한 마음으로 시각화해보라. 그리고 그것을 현실로 만들기 위한 행동을 멈추지 말 것. 당신의 모든 변화는, 바로 그 꾸준한 실천에서 시작된다.

하얀 도화지 위에 어떤 꿈을 그리고 어떤 색을 칠할지는 오직 당신의 선택에 달려 있다. 끌어당김의 법칙과 마인드파워를 믿고, 당신만의 놀라운 기적을 직접 만들어보라. 그 기적은 지금 이 순간, 당신의 결심에서 시작된다.

4장
시각화가 실제 행동을
대체할 수 있을까?

끌어당김의 법칙에서 시각화는 핵심 요소로 언급된다. 하지만 많은 사람들은 이렇게 묻는다.

"시각화가 정말로 실제 연습을 대체할 수 있을까?"

처음 이 질문을 들었을 때, 나 역시 의심했다. 머릿속 상상만으로 원하는 결과를 얻을 수 있을까?

그러나 내가 믿지 않는다고 이 법칙이 세상에 존재하지 않는 것은 아니다. 시각화의 효과는 이미 수많은 연구와 사례를 통해 증명되었고, 실제로 이를 통해 놀라운 결과를 만들어낸 사람들이 있다.

시각화는 단순한 상상이 아니다. 그것은 우리의 잠재의식을 자극하고, 뇌와 신체가 행동으로 옮길 준비를 하게 만드는 강력한 도구다. 상상 속에서 성공을 경험할 때, 우리는 그 성공을 현실로 만들기 위한 동기와 자신감을 얻는다. 이제, 시각화의 진정한 힘과 그것이 어떻게 우리의 삶에 실질적인 변화를 가져오는지 함께 알아보자.

일본의 한 마라톤 선수는 부상으로 인해 실제 훈련이 불가능한 상황에 놓였지만, 자신이 마라톤 코스를 달리고 있는 모습을 생생히 상상하며 시각화 연습을 했다. 단순히 상상만 하는 것이 아니라 심박수와 근육 반응까지 실제 훈련과 동일한 효과를 내기 위해 몰입했다. 결과는 놀라웠다. 그녀의 몸은 실제 훈련을 한 것처럼 반응했고, 복귀 후 이전보다 더 나은 기록을 세웠다. 이는 시각화가 단순한 심리적 위안이 아니라 신체와 마음에 실질적인 변화를 가져올 수 있음을 보여주는 강력한 사례다.

우리나라의 역도 선수 장미란도 시각화의 힘을 증명한 인물이다. 그녀는 중요한 경기를 앞두고 자신이 목표로 한 무게를 들어 올리는 장면을 머릿속에서 수없이 반복하며 상상했다고 한다. 그녀의 감독은 이를 두고 이렇게 말했다. "장미란 선수는 이미 머릿속에서 경기를 끝냈다." 그리고 실제 경기에서 그녀는 상상했던 장면을 놀랍도록 정확하게 재현해내며 목표를 이뤄냈다. 이 경험은 시각화가 단순한 심리적 보조를 넘어, 실제 훈련을 대체하거나 보완할 수 있는 강력한 도구임을 잘 보여준다.

시각화와 과학의 연결:
양자 역학과 아인슈타인의 실험

시각화는 과학적으로도 그 타당성이 입증된 방법이다. 양자 역학의 관찰자 효과는 우리가 어디에 주의를 기울이느냐에 따라 물질 세계가 영향을 받는다는 사실을 보여준다. 즉, 우리의 의도와 상상이 단순한 심상 이미지에 머무르지 않고, 실제 현실에 변화를 일으킬 수 있다는 것이다.

    알베르트 아인슈타인은 상상력의 중요성을 누구보다도 강조했던 과학자다. 그는 말년에 "상상력은 지식보다 더 중요하다."라고 말했다. 실제로 아인슈타인은 연구 과정에서 실험을 수없이 반복하기보다, 머릿속에서 가상의 실험을 진행하며 과학적 아이디어를 구체화했다. 그의 이러한 상상 실험(gedankenexperiment)은 이후 세계의 물리학을 뒤흔든 혁명적인 이론들로 이어졌다.

시각화는 단지 우연이 아니다:
호오포노포노와 마음의 치유

하와이의 한 정신병원에서 일했던 이할리아칼라 휴 렌 박사는 '호오포노포노'라는 치유 기법으로 환자들을 만나지 않고 치유

한 사례로 유명하다. 그는 환자들의 의료 기록을 하나하나 읽으며, 그들을 향해 "미안합니다. 용서해주세요. 감사합니다. 사랑합니다."라는 네 가지 말을 반복하며 내면 정화를 실천했다. 몇 년이 흐른 뒤, 그 병원은 환자들의 회복으로 인해 더 이상 운영할 필요가 없게 되어 문을 닫았다. 휴 렌 박사의 의도적 상상과 감사의 메시지는 현실에 강력한 치유 효과를 불러일으킨 것이다.

내가 직접 경험한 시각화의 힘

나는 메리케이에서 '달리는 트로피'라고 불리는 핑크 카를 받았을 때, 시각화의 힘이 얼마나 강력한지 온몸으로 체감했다. 사실, 처음엔 도전조차 하지 않으려 했다. 주변 사람들도 "그게 가능하겠어? 그 정도 매출은 팀 전체가 미쳐야 나올 수 있어."라며 회의적인 반응을 보였다. 하지만 나는 매일 핑크 카를 운전하고 있는 내 모습을 상상했고, 그 목표를 이루기 위해 하나하나 필요한 행동을 실천했다. 강력한 시각화와 확언은 내 행동의 방향을 잡아주었고, 처음엔 불가능해 보였던 목표는 마침내 눈앞의 현실로 바뀌었다.

뿐만 아니라 메리케이 코리아에서 35,000명이 넘는 뷰티 컨설턴트 중 '팀 빌딩 퀸'으로 리더십을 인정받았을 때도, 그 모든 순간은 단순한 개인의 노력만으로 설명되지 않았다. 나는 매일 팀원들과 함께 목표를 달성하며 기뻐하는 장면을 머릿속에 그렸다. 그 시각화는 나를 움직였고, 그 에너지는 팀원들에게까지 전달되어 함께 성장하는 팀을 만들어냈다.

시각화는 복잡한 기술이 아니다. 내가 되고 싶은 모습, 이루고 싶은 목표를 머릿속에서 생생하게 그리고, 그것이 이미 이루어진 것처럼 느끼는 것이다. 내가 꿈꾸는 장면 속에서 기쁨과 성취감을 느끼며, 그 감정을 믿고 행동에 옮기면 된다.

이 법칙은 단순히 믿음에 관한 이야기가 아니다. 시각화는 이미 양자 역학과 수많은 실전 사례들을 통해 현실에 영향을 미치는 방법으로 검증된 원리다. 믿고 실천하는 사람과 그렇지 않은 사람 사이에는, 삶의 변화 속도에서 엄청난 차이가 생긴다. 노력만으로는 도달하기 어려운 목표도, 시각화와 행동이 결합되면 현실이 된다.

지금이라도 한번 시도해 보길 바란다. 작은 목표부터 시작해 그것이 이루어지는 모습을 매일 상상하고, 그 감정 속에 자신을 몰입시켜라. 이룰 수 없다고 생각했던 일들이 이루어지는 순간, 당신도 말할 것이다.

"정말 신기하다. 나에게도 이런 일이 일어나다니!"

시각화,
가장 간단하면서도 강력한 방법

시각화 연습은 많은 사람들이 막연함을 느끼는 영역이다. 나 역시 그랬다. 나는 현실적인 성향의 사람이다. 누군가의 말 한마디나 "할 수 있다."라는 응원만으로는 쉽게 상상하거나 동기 부여가 되는 편이 아니다.

메리케이에서 활동하던 시절에는 시각화를 도와주는 다양한 장치들이 있었다. 세미나, 동기 부여 영상, 인정 선물, 여행 등 회사의 시스템이 내가 꿈을 생생하게 그릴 수 있도록 자극과 구조를 제공해주었다. 그래서 시각화는 자연스럽게 습관이 될 수 있었다. 하지만 지금은 다르다. 이제 나는 혼자서 사업을 운영하고, 강의를 하고, 스스로 동기를 만들어야 하는 환경에 놓여 있다. 처음에는 참 막막했다. 그러나 나는 포기하지 않고 방법을 찾았다.

꿈의 지도와 시각화 앨범

내가 가장 효과적이라고 느낀 방법 중 하나는 꿈의 지도를 만드는 것이었다. 끌어당기고 싶은 것들, 내가 바라는 장면들을 사진과 그림으로 정리해 작은 앨범에 담았다. 그 앨범은 늘 가방 속에 넣어두고, 틈날 때마다 꺼내어 바라보았다. 단순히 보는 것에서 그치지 않았다. 나는 그 장면 속 '내 모습'을 함께 상상했다. 예를 들어, 내가 원하는 강의 무대에 당당히 서 있는 나 자신, 출간한 책을 통해 많은 사람들에게 영감을 전하고 있는 장면들을 구체적으로 그려보았다.

다른 사람의 성공에 나를 대입하기

나는 미국 작가이자 심리학자인 토니 로빈스를 무척 좋아한다. 그래서 그의 강의 영상을 자주 본다. 그러나 단순히 감상하는 데에 그치지 않는다. 영상을 보며, 무대 위에서 청중과 눈을 맞추며 강연하는 사람이 바로 '나'라고 상상한다. 그의 모습에 나를 대입하고, 내가 그 자리에 서 있다는 감정 몰입을 온전히 느낀다. 내 입에서 나오는 한마디 한마디가 청중의 마음을 울리고, 누군가는 그 말을 통해 새로운 용기를 얻는 장면을 머릿속에 그린다.

이 방법은 나처럼 현실적인 성향을 가진 사람에게 특히 효과적이다. 단순히 "이룰 수 있어."라는 추상적인 말을 듣는 것보다, 실제로 누군가의 영상이나 이미지를 통해 나를 그 속에 대입하는 시각화가 훨씬 생생하고 강력하게 다가온다.

이미 가진 것처럼 느끼기

시각화는 복잡한 기술이 아니다. 내가 되고 싶은 사람, 갖고 싶은 것, 이루고 싶은 목표를 머릿속에서 생생하게 그려내면 된다. 가장 중요한 점은 그 장면을 이미 현실이 된 것처럼 '느끼는' 것이다.

나는 과거에 돈이 부족한 상황에서 스스로에게 이렇게 말했다. "이미 나는 돈이 충분해. 오늘 오후에 나에게 돈이 들어올 거야." 이 단순한 확언은 나의 태도와 생각을 바꿨고, 실제로 풍요를 끌어당기기 시작했다. 밥 프록터의 한국 유일 비즈니스 파트너인 조성희 대표의 '머니 시크릿' 특강을 들은 후 나는 이 시각화와 확언을 더 깊이 실행에 옮기기 시작했다. 그러자 놀라운 일들이 일어났다. 강의 당일 오전, 900만 원어치의 제품이 판매되었고, 오랫동안 받지 못했던 돈이 예상치 않게 입금되었으며, 생각지도 못한 강의 요청이 들어오고 바로 현금 결제까지 이루어졌다. 믿음과 시각화, 그리고 실천이 현실을 바꾸는 경험을, 나는 몸소 체험했다.

사람들은 나에게 "늘 성실하게 일하시니까, 그런 일이 일어나는 거예요." 하고 말하지만 나는 안다. 그저 성실함만으로는 설명되지 않는, 기적 같은 일들이 내 삶에 계속해서 일어났다는 것을. 그럴 때마다, 나는 온몸에 전율이 흐른다. 그건 단순한 우연이 아니라, 믿음과 시각화, 그리고 행동이 만들어낸 결과라는 것을 알기 때문이다.

시각화 연습은 단순하지만 강력하다. 복잡한 기법이나 특별한 도구는 필요 없다. 내가 직접 경험하고, 여러 책, 그리고 여러 강의를 통해 배운 핵심은 이것이다.

"생생한 상상과 간절한 마음만으로도 원하는 것을 끌어당길 수 있다."

나는 이 방법으로 많은 것을 이루었다. 돈이 부족했던 시절, 스스로에게 이렇게 말했다. "이미 나는 충분히 풍요로워. 오늘 오후에 돈이 들어올 거야." 그 단순한 믿음과 반복된 시각화가 나를 변화시켰다. 실제로 제품이 팔렸고, 잊고 있던 돈이 입금되었으며, 예상치 못했던 강의 요청까지 받았다. 이러한 경험을 통해 나는 시각화의 힘을 확신하게 되었다.

내가 실천한 시각화 방법은 매우 간단하다.

첫째, 내가 되고 싶은 모습, 갖고 싶은 것, 이루고 싶은 꿈을 구체적으로 상상했다.

둘째, 그것이 이미 이루어진 것처럼 느꼈고, 그 감정을 마음속 깊이 새겼다.

셋째, 가능한 한 생생하게 그 장면 속에 나를 대입했다.

나는 이 단순한 방법만으로도 충분히 원하는 결과를 만들어낼 수 있다는 것을 경험했다. 중요한 것은 복잡한 기법이 아니라 꾸준히 실천하는 간절함이다.

시각화는 누구나 실천할 수 있다. 나는 꿈의 지도를 그리고, 시각화 앨범을 들고 다니며 내가 바라는 미래를 반복적으로 그렸다. 다른 사람의 성공 속에 나를 대입하며, 그들이 이룬 것을 내가 이루었다고 믿었다. 상상했던 모든 것이 하나씩 현실이 되었고, 나는 더 큰 목표를 향해 나아갈 용기를 얻었다.

상상은 현실을 여는 첫걸음이다. 나는 상상이 행동을 만들고, 행동이 결국 결과를 이끈다는 진리를 내 삶으로 체험했다. 처음엔 어색할 수 있다. 하지만 아주 작은 변화가 시작되는 순간, 당신은 그 힘을 분명히 느끼게 될 것이다. 내가 이루어낸 모든 결과들이 그 증거다.

지금 이 순간, 단순한 시각화를 시작해 보라. 당신의 상상은 현실이 된다. 나는 그것을 믿었고, 당신 역시 반드시 해낼 수 있다.

5장
긍정과 부정의 힘은
반드시 현실이 된다

나는 끌어당김의 법칙을 삶 속에서 실천하며, 분명한 성공의 경험을 했다. 메리케이에서 꿈의 트로피와 핑크 카를 받았던 순간부터, 도저히 달성하기 어려웠던 해외여행 프로모션을 성취했을 때까지… 내 목표를 시각화하고 긍정적인 확언을 반복하며 행동했다. 하지만 시간이 지나며 나는 이 법칙의 또 다른 면도 경험하게 되었다. 생각과 말은 긍정적일 때만 현실이 되는 것이 아니다. 부정적인 생각과 말도 현실이 된다. 그 사실을 온몸으로 깨달았을 때, 나는 끌어당김의 법칙이 단순한 '희망의 도구'가 아니라, 삶을 만드는 절대적인 언어의 힘이라는 것을 깊이 이해하게 되었다.

끌어당김의 긍정적인 힘

메리케이의 프로모션은 결코 쉽지 않았다. 전국 35,000여 명의 뷰티 컨설턴트 중 매출 목표를 달성해 해외여행에 참가하는 인원은 많아야 120, 적게는 40~50명에 불과했다. 그럼에도 나는 매번 목표를 달성했다. 단지 "해 보자!"라는 열정만으로는 불가능한 일이었다.

나는 목표를 설정하면 반드시 시각화를 실천했다. 꿈의 지도를 만들어 내가 원하는 이미지를 집 안 곳곳에 붙여두었다. 화장대, 차 안, 휴대폰 화면, 침대 머리맡, 벽면, 심지어 천장까지. 누워 있을 때도 그 이미지를 볼 수 있도록 했다. 냉장고 문에도 목표 이미지를 붙여놓고, 하루에도 수차례, 이미 그 꿈을 이룬 사람처럼 상상하며 스스로에게 확신을 불어넣었다.

매일 아침 "나는 할 수 있다. 나는 이미 그것을 이루었다."라는 확언을 되뇌며 나 자신을 설득했고, 상상이 현실이 될 것이라는 믿음을 강화했다. 이처럼 시각화는 단순히 꿈을 꾸는 것을 넘어, 목표를 향해 나아갈 동기를 주고, 나 자신에게 확신을 불어넣는 중요한 도구가 되었다.

그러자 놀라운 일이 일어났다. 고객들이 먼저 나를 찾아오기 시작했고, 고가의 제품들이 자연스럽게 판매되었다. 홍보를 따로 하지 않았음에도, 전국 각지에서 나를 찾는 사람들이 생겨났다. 나는 끌어당김의 법칙이 현실이 되는 힘을 온몸으로 경험했다. 이처럼 우리의 긍정적인 생각과 말은 강력한 에너지가 되어 원하는 것을 현실로 이끌어주는 힘이 있다.

부정적인 끌어당김

그러나 끌어당김의 법칙은 양날의 검과 같다. 긍정적인 생각과 말이 좋은 것을 이끌어오듯, 부정적인 생각과 말도 결국 현실로 나타난다. 나는 그것을 혹독한 대가로 배웠다.

어느 날, 비즈니스와 감정의 균형이 무너진 채 지쳐 있던 나는 스스로를 다잡지 못한 채 무너져갔다. "짜증 나", "열 받아", "죽겠네"… 입에서 나오는 말은 온통 부정과 분노였다. 그리고 딱 한 달. 그 짧은 시간 동안, 나는 평생 겪지 못할 만큼 끔찍한 일들을 연이어 마주하게 되었다.

한 달 동안 다섯 번의 교통사고

첫 번째 사고는 신호 대기 중에 발생했다. 평소처럼 안전하게 운전하여 목적지에 도착하려던 순간, 뒤에서 달려온 차가 갑자기 내 차를 들이받았다. 충격으로 목과 허리에 심한 통증을 느꼈고, 병원에서는 입원이 필요하다는 진단을 받았다. 입원 치료를 받으며 몸을 추스르려 노력했지만, 마음속에서는 '왜 이런 일이 나에게 일어나는 거지?'라는 생각이 떠나지 않았다. 어서 퇴원해 통원 치료를 하며 일상으로 돌아가려 했지만, 회복은 더디기만 했다.

두 번째 사고는 퇴원 후 집으로 돌아가는 길에 발생했다. 나는 전방을 주시하며 조심스럽게 운전하고 있었지만, 옆 차선에서 갑자기 달려든 차량이 순식간에 나를 들이받았다. 이미 약해진 몸에 또다시 충격이 가해지며 통증은 더욱 심해졌고, 두려움과 불안감이 몰려왔다. '도대체 왜 나만 이런 일을 겪어야 하는 거지?'라는 원망과 짜증이 머릿속을 가득 채웠다. 그날 이후로도 사고는 계속 이어졌다.

세 번째 사고는 버스에 탑승해 있는 동안 발생했다. 연이은 사고로 인해 운전대를 잡을 용기가 나지 않아 대중교통을 이용하기로 했다. 몸이 힘든 상태였던 나는 버스에 올라 맨 앞자리에 앉아 잠시 숨을 고르고 있었다. 그런데 얼마 지나지 않아 반대편 차선에서 갑자기 달려온 차량이 사거리에 정차해 있던 버스를 정면으로 충돌했다. 차가 버스를 들이받는 순간을 인지하고 있었지만, 너무 놀라 피할 수도 없었다. 강한 충격에 온몸이 버스 안에서 크게 튕겨졌고, 왼쪽 어깨가 기둥에 세게 부딪히며 통증이 퍼졌다. '어쩜 이렇게 일이 계속 꼬일 수 있지?'라는 부정적인 생각이 마음을 가득 채웠다.

네 번째 사고는 또 한 번의 불운처럼 다가왔다. 이번에는 '요즘 예배를 드리지 못해서 이렇게 일이 안 풀리는 걸까?'라는 생각이 들어 모처럼 토요 예배를 드리러 가는 길이었다. 교회를 향해 운전해 가던 중, 정차한 순간에 기지개를 켜며 "정말 짜증 나! 왜 내 몸은 이렇게 고생을 해야 하지?" 그 말이 채 끝나기도 전에, 뒤에서 강한 충격이 전해졌다. 뒤차 운전자가 휴대폰을 보느라 내 차를 보지 못하고 그대로 추돌한 것이다. 육체적인 충격도 컸지만, 무엇보다 내가 방금 내뱉은 부정적인 말이 그대로 현실이 된 듯한 느낌에 정신은 더욱 무거워졌다.

다섯 번째 사고는 며칠 뒤, 메리케이 센터로 향하던 중에 발생했다. 동생과 함께 차를 타고 주차장에서 나오고 있었는데, 옆쪽에서 전속력으로 달려온 택시 한 대가 내 차의 조수석을 그대로 들이받았다. 충격은 상상을 초월했다. 차에서 내리는 순간 심한 어지러움과 구토 증세가 밀려왔고, 다리가 떨려 제대로 설 수조차 없었다. 나를 들이받은 택시 기사는 차에서 내리자마자 바닥에 드러눕더니 "이제 나는 택시 운전 못 하겠네요. 병원에 가야 해요."라고 말하며 호들갑을 떨었다. 사고를 처리하러 온 경찰과 보험사 직원들의 도움으로 병원으로 이송되었고, 상대측 과실 백 퍼센트로 판정되었지만, 내 몸과 마음은 이미 한계에 다다른 상태였다.

이렇게 한 달 동안 다섯 번의 사고를 겪으며 나는 비로소 깨달았다. 사고를 겪을 때마다 원망과 짜증 섞인 말을 반복하며 상황을 더 악화시키고 있었다는 것을. "왜 나에게만 이런 일이 일어나지?", "정말 짜증 난다.", "이제 다 끝났어."와 같은 부정적인 생각과 말들이 나도 모르게 입 밖으로 튀어나왔고, 그런 말들이 계속해서 내 삶에 부정적인 현실을 끌어당기고 있었다.

내가 뱉었던 부정적인 말들은 내 삶을 실제로 더 나쁘게 만들고 있었다. "말이 씨가 된다."라는 말을 실감한 순간이었다. 내가 뱉는 말과 생각이 곧 나의 현실이 되었고, 내가 불행을 불러들이고 있었다는 사실에 충격을 받았다.

나는 깨달았다. 지금부터라도 말을 바꿔야 한다. 아무리 힘든 상황이라도 부정적인 말 대신, "이것도 곧 지나갈 거야.", "나는 다시 회복할 수 있어."라는 긍정적인 생각과 말을 선택해야 한다.

주차장 차단기와 새똥

교통사고만이 아니었다. 살면서 누구나 한 번쯤은 예상치 못한 상황을 겪곤 하지만, 그날 일은 정말 황당한 경험이었다.

아이의 손을 잡고 주차장을 지나가던 중, 차단기가 올라가 있는 것을 보고 별생각 없이 그 아래로 지나갔다. 평소라면 차단기 중앙을 피해 다녔겠지만, 그날은 아무 의심 없이 그 길을 택했다. 그런데 갑자기, 차단기가 '퍽' 소리와 함께 그대로 내려오며 내 얼굴을 강타했다.

눈앞에 별이 번쩍였고, 코가 떨어져 나갈 것 같은 고통에 비명을 질렀다.

"악!!! 뭐야!"

옆에 있던 경비실에서 경비 아저씨가 급히 뛰어나오며 연신 고개를 숙였다.

"죄송합니다! 차단기가 올라가 있어서, 정산 안 하고 차들이 나가면 안 되니까, 미처 확인하지 않고 차단기를 내려버렸네요. 정말 죄송합니다."

경비 아저씨의 사과에도 고통은 가라앉지 않았다. 코가 욱신거리고 눈물이 핑 돌았다. 나는 화를 참을 수가 없었다.

"아니, 사람이 지나가고 있었잖아요! 왜 확인도 안 하고 내리셨어요? 이게 말이 됩니까?"

주차장을 빠져나오면서도 내내 불평과 원망을 내뱉었다.

"나한테 이런 일이 왜 생기는 거야? 오늘 진짜 재수가 없다!"

주차장을 나서니 어처구니없는 일이 하나 더 생겼다. 바로 그날 처음 입은 새 옷에 새똥이 뚝 떨어진 것이다. 하늘에서 떨어진 그것은 내 새하얀 블라우스를 순식간에 망쳐 놓았다. 순간 짜증이 치밀었다.

"진짜 오늘 왜 이래! 이게 뭐야! 진짜 최악이야!"

차단기에 코를 맞고, 새똥까지 맞고 나니 더 이상 화를 참을 수 없었다. 온몸에 짜증과 불만이 가득 찬 상태로 집에 돌아왔다. 그리고 문득 생각이 스쳤다.

'혹시 짜증 난다, 짜증 난다 해서 이런 일이 생기는 건가…?'

불운한 신발의 최후

아주 예전에 부정적인 말을 해서 안 좋은 일을 끌어당겼던 경험이 또 하나 있다.

대학교에 입학하던 해, 작은아빠가 "입학 선물로 특별한 걸 사주겠다"라고 하셨다. 당시 작은아빠와 우리 가족은 그다지 사이가 좋지 않았지만, 굳이 백화점으로 나오라고 해서서 마지못해 작은아빠가 근무하던 백화점에 갔다.

그날 나는 딱히 필요하거나 갖고 싶은 것도 없었다. 작은아빠와의 어색한 분위기가 부담스럽기만 했다. 그래서 "아무거나 괜찮아요."라고 말했는데, 작은아빠는 "숙녀가 되었으니 학교 다닐 때 신을 좋은 구두가 필요하다."라며 한 구두 매장으로 나를 데리고 갔다.

구두 매장에서 이것저것 신어보라고 했지만, 나는 그냥 무난하고 참해 보이는 신발을 골랐다. 그런데 그 신발 가격이 꽤 비쌌나 보다. 결제하실 때 작은아빠 얼굴이 굳어지더니, 봉투를 내 손에 쥐여주곤 급하게 가버리셨다.

집으로 돌아오는 길에 나는 점점 짜증이 치밀어올랐다.

"진짜, 내가 됐다고 했잖아. 왜 이렇게까지 부담스럽게 하시는 거야? 사주고도 기분 나쁘게 하고, 고맙다는 말도 하고 싶지 않네. 짜증 나!"

나는 그렇게 부정적인 말을 내뱉었다.

그리고 이상하게도, 그 구두만 신으면 꼭 안 좋은 일이 생겼다.

구두 굽이 하수구에 끼여 넘어지고, 가만히 서 있다가도 신발이 벗겨져 넘어진 적이 있었다. 버스에서 내릴 때는 미끄러져 엉덩방아를 찧기도 했다. 그야말로 사고의 연속이었다.

구두를 신을 때마다 무릎과 종아리는 피투성이가 되었고, 곳곳에 상처가 남았다. 그 신발은 금세 가죽이 다 까지고 상처투성이가 되었다. 엄마와 아빠는 이런 상황을 잘 모르셨지만, 내가 그 신발을 신은 모습을 보며 한마디했다.

"숙녀가 신발을 얌전히 신어야지. 이렇게 다 닳고 상처 난 걸 신으면 안 되지."

이상하게도, 그 신발은 신을 때마다 항상 좋지 않은 일이 생겼다. 몇 번을 더 신어 보아도 결과는 같았다. 결국 나는 그 신발을 신지 않기로 결심했고, 얼마 지나지 않아 버렸다.

그땐 그냥 '재수 없는 신발'이라고 생각했다. 하지만 시간이 흐른 뒤, 나는 알게 되었다. 그 모든 일은 단순한 우연이 아니었다는 것을. 나는 작은아빠가 준 신발에 대해 처음부터 불만과 짜증을 품었고, 그런 부정적인 감정을 계속 뱉어내며 상황을 더 악화시켰다.

"왜 이렇게까지 오라고 했을까."

"정말 부담스럽다. 짜증 나."

"이 신발은 재수 없어."

내가 내뱉은 이 말들이 그대로 현실로 나타난 것이다. 내 부정적인 생각과 말이 신발을 둘러싼 모든 상황을 부정적으로 만들어냈다. 말이 현실을 만들어낸다는 것을 실감한 순간이었다.

과학이 증명한 끌어당김의 법칙

끌어당김의 법칙은 단순한 믿음이나 감정의 문제가 아니다. 하와이의 심리학자이자 치료사인 휴 렌 박사는, '호오포노포노' 기법을 통해 말과 생각이 현실에 어떤 영향을 미치는지를 보여주었다. 그는 하와이의 한 정신병원에서 환자들을 직접 만나지 않고, 단지 그들의 기록을 보며 긍정적인 말을 반복했다. 놀랍게도 환자들의 상태는 차츰 좋아졌다. 그의 연구는 우리의 생각과 말이 얼마나 강력한 에너지를 지니고 있는지 보여준다.

긍정적인 생각은 우리의 삶을 회복시키고, 부정적인 생각은 고통을 키운다. 끌어당김은 더 이상 '믿음'의 문제가 아니다. 수많은 사례가 그것이 현실이 되는 메커니즘임을 보여주고 있다.

나 역시 긍정과 부정, 두 가지 끌어당김을 모두 경험했다. 그 모든 경험 끝에 나는 단 하나의 진실을 확신하게 되었다. 생각은 반드시 현실이 된다. 당신이 어떤 생각을 하고, 어떤 말을 내뱉느냐에 따라 결과는 달라진다. 긍정적인 생각과 말은 기적을 불러오고, 부정적인 생각과 말은 재앙을 초래한다.

나는 지금도 말 한마디에 신중하려 애쓴다. "짜증 나", "열

받는다", "재수 없어" 같은 말은 입에 올리지 않으려 한다. 그것이 얼마나 큰 대가를 치르게 하는지, 나는 뼈저리게 겪었기 때문이다.

이제 당신도 끌어당김의 법칙을 삶에 적용해 보라. 좋은 것만 상상하고, 긍정적인 말을 선택하라. 그러면 당신의 삶은 변하기 시작할 것이다.

지금 이 순간, 당신은 무엇을 끌어당기고 있는가? 축복인가, 아니면 불안과 결핍인가? 그 선택은, 오직 당신에게 달려 있다.

VI

노력의 힘
꿈을 현실로 만드는 방법 2

1장
나만의 길을 찾는 여정

사람들은 종종 내게 묻는다.

"윤도연 코치님은 언제부터 강사, 사업가, 작가라는 꿈을 꾸셨어요?"

함께 마인드를 공부하는 코치님들은 이렇게 말하곤 한다.

"저도 같은 시간 동안 똑같이 배웠는데, 왜 아직도 답을 못 찾고 있을까요? 코치님은 어떻게 그렇게 방향을 빨리 찾으셨어요?"

그럴 때마다 나는 이렇게 대답한다.

"같은 내용을 같은 시간에 배웠다고 해도, 누구나 같은 순간에 인생의 방향을 찾는 건 아니에요. 방향을 찾는 과정도, 속도도 사람마다 다릅니다."

나 역시 지금 이 자리에 오기까지 많은 시간이 걸렸다. 끊임없이 스스로에게 질문하고, 답을 찾기 위해 도전하며 실패와 성공을 반복했다. 어릴 적부터 품었던 작은 바람을 점점 구체화했고, 그것을 현실로 만들기 위해 행동으로 옮겼다. 지금의 나는 그 과정을 통해 만들어진 결과일 뿐이다.

꿈의 시작

내 안에 처음으로 '꿈'이라는 것이 움튼 건 고등학교 시절이었다. 우리 아빠는 막연한 아이디어를 현실로 만들어내는 데 탁월한 감각을 가진 사업가였다. 그런 아빠의 모습을 보며, 언젠가 나도 사업가가 되고 싶다고 막연히 꿈꾸었다. 하지만 그 바람이 구체적이고 실현 가능한 목표로 다가온 것은 시간이 훨씬 더 흐른 뒤였다.

2011년, 어쩌면 반강제로 시작한 메리케이 활동은 내 인생의 뜻밖의 전환점이 되었다. 처음에는 낯설고 어색했지만, 시간이 지나며 나는 내 안의 열정이 깨어나는 것을 느꼈다. 누군가의 변화를 돕는 일이 깊은 보람으로 다가왔고, 나 자신을 돌보는 과정에서 진짜 자신감도 생겼다.

오랫동안 품고 있던 선생님이 되고 싶다는 꿈도 메리케이 사내 강사로 활동하며 이루게 되었다. 그저 돈을 버는 일을 넘어서, 나처럼 어려운 상황에서 비즈니스를 시작한 사람들에게 경험을 나누며 함께 성장하는 기쁨을 느낄 수 있었다. 내가 누군가에게 긍정적인 영향을 줄 수 있다는 사실은 내 삶에 새로운 의미를 더해주었다.

메리케이는 단지 돈을 버는 도구가 아니었다. 오히려 나를 더 단단하게 성장시켜주었고, 잃어버렸던 삶의 활력을 되찾게 해준 소중한 전환점이었다. 수많은 실패와 성공을 오가며 나는 삶의 본질을 배우게 되었고, 앞으로 나아갈 수 있는 든든한 토대를 만들 수 있었다.

작가의 꿈을 품다

2014년, 메리케이를 하던 중 나는 처음으로 '작가'라는 꿈을 마음에 품었다. 내 이야기가 누군가에게 작은 위로와 용기가 되기를 바라는 마음이 자라나기 시작했다. 그때부터 매일 다이어리에 나의 경험과 깨달음을 조용히 써내려갔다. 그렇게 쌓인 작은 기록들은 어느새 한 권의 책이 될 수 있을 만큼 자라나 있었다. 나는 단 한순간도 그 꿈을 잊은 적 없었다. 매일매일 나의 이야기가 세상에 전해져 누군가의 삶에 영향을 미치는 장면을 상상하며 간절히 꿈꿨다. 그리고 정확히 10년 후, 나는 그 꿈을 현실로 만들어냈다.

메리케이를 상징하는 색은 핑크다. 핑크는 단순히 예쁘기만 한 색이 아니라, 따뜻함과 배려, 그리고 타인을 향한 섬세한 마음을 품고 있다. 그래서인지 나는 늘 핑크에 마음이 갔다. 다이어리도, 소지품도 자연스레 핑크로 채워졌고, 언젠가는 핑크색 표지의 책으로 내 이야기를 전하고 싶다는 꿈도 생겼다. 내가 사랑하는 이 색처럼, 나의 이야기도 누군가에게 따뜻한 위로와 조용한 영감이 되기를 간절히 바랐다.

많은 자기 계발서들이 블랙, 골드, 네이비 같은 묵직한 색으로 진중함을 표현하지만, 나는 나만의 색으로 나를 드러내고 싶었다. '나는 핑크로 나의 이야기를 전할 거야.' 그렇게 마음속에 단단한 꿈 하나가 자리 잡았다. 매일매일 핑크색 표지의 책을 상상하며, 그 꿈을 구체적으로 그려 나갔다.

그로부터 10년이 지나 서점에 들렀을 때였다. 내가 좋아하는 핑크색의 책이 눈에 들어왔다. 제목은 '빚 10억이 선물해 준 자유'였다. 마치 그 책이 나를 부르는 것처럼 느껴졌다. 뭔가에 이끌리듯 책을 집어 들고 단숨에 읽어 내려갔다. 하루 만에 다 읽고 나서는 책을 책상 위에 올려두었다. 매일 핑크색 표지를 보며 내 책도 언젠가 이 자리에 놓이리라고 상상했다.

'이 책처럼, 언젠가 내 이야기도 핑크색 표지로 세상에 나올 거야.'

그렇게 간절히 원하고 상상하며 글을 쓰기 시작했다. 글을 쓰는 매 순간마다 핑크색 표지로 세상에 나오는 모습을 그렸다. 그리고 정말 놀라운 일이 일어났다. 바로 그 핑크색 책을 출간한 출판사와 계약을 하게 된 것이다. 믿어지는가? 내가 상상하고 간절히 바랐던 일이 현실이 되었다.

나는 끌어당김의 법칙이 실제로 존재한다고 믿는다. 그 믿음은 단순한 신념이 아니라, 직접 체험한 현실에서 비롯되었다. 하나님께 기도할 때와는 또 다른 방식으로, 내가 우주에 주문한 것들이 정확히 나에게 오는 것처럼 느껴졌다. 말로 설명하기 어려운 감각이지만, 너무도 분명한 현실이었다.

이 영화 같은 경험을 누구에게라도 말하고 싶었다. 하지만 이상하게도, 이번에는 조용히 마음속에 담아두고 싶었다. '이렇게 소중한 일은 입 밖에 내기보다, 더 아끼고 지켜야 할지도 몰라. 자꾸 흘리다 보면 기운이 사라질 수 있으니까.'

나는 가족들에게만 이 이야기를 전하고 조용히 출간 준비를 이어갔다. 매일같이 상상했던 핑크색 책, 그리고 그 책을 세상에 내놓게 될 날이 점점 가까워지고 있었다. 이 모든 과정이 너무 신기해서 스스로도 믿기 어려웠다. 하시만 분명한 것은, 내가 간절히 바라고 끌어당겼던 것들이 하나씩 현실로 이루어졌다는 사실이다.

사업가의 꿈을 구체화하며

2014년 1월, '달리는 트로피'라 불리는 메리케이 핑크 카를 수상하면서 내 이름이 전국적으로 알려지기 시작했다. 온라인을 통해 나를 직접 찾아오는 고객들이 하나둘 생기기 시작했다. 직접 발로 뛰며 샘플을 나눠주던 초창기를 지나, 내 뷰티 사업은 드디어 안정 궤도에 올랐다.

그 과정에서 나는 또 한 번 깊은 확신을 얻었다.

'지금 이 순간 메리케이는 내게 정말 소중한 여정이다. 하지만 언젠가는 내 이름을 건, 진짜 나만의 사업을 하고 싶어.'

그 작은 바람은 점차 구체적인 방향성을 갖기 시작했고, 결국 새로운 꿈을 향한 도전으로 이어졌다. 이후에는 성형외과 총괄실장으로 일하며 실무 경험을 쌓았고, 그 경험을 디딤돌 삼아 또 다른 분야에 도전하기로 결심했다. 처음에는 소규모 온라인 위탁 판매로 시작했지만, 점차 나만의 방식과 길을 찾아 나갔다.

꿈은 현실이 된다

결국, 고등학교 시절 품었던 막연한 꿈은 20년 만에 현실이 되었다. 나는 국내 위탁 판매를 통해 연 15억 원 매출을 달성한 사업가가 되었고, 동시에 작가라는 또 하나의 꿈도 이루었다.

물론 그 과정이 결코 쉬웠던 것은 아니다. 수많은 실패와 시행착오가 있었고, 때로는 방향을 잃은 것 같은 순간도 있었다. 하지만 내가 결코 멈추지 않았다는 사실, 그것이 가장 중요했다. 실패는 언제나 나에게 새로운 배움을 안겨주었고, 그 배움을 딛고 나는 결국 나만의 길을 만들어냈다.

나는 늘 스스로에게 질문을 던졌다.

'나는 어떤 일을 하며 살아야 할까? 평생 즐겁게 할 수 있는 일은 무엇일까? 그리고, 나만이 해낼 수 있는 일은 무엇일까?'

이 물음들은 은행에 다니던 시절부터 머릿속을 떠나지 않았다. 겉보기에 안정적인 직장에서도, 명예퇴직을 권유받는 팀장들의 모습을 보며 과연 평생직장이란 게 존재하는지 깊은 회의가 들었다. 나는 오랫동안 이 질문을 품고 살아왔고, 끊임없는 고민 끝에 마침내 나만의 답을 찾아가기 시작했다.

당신은 늦지 않았다

많은 사람들이 내게 이렇게 말한다.

"대표님은 어릴 적부터 꿈을 찾았으니 가능했겠죠. 나는 이제 너무 늦은 것 같아요."

그럴 때마다 나는 이렇게 대답한다.

"아니요, 절대 늦지 않았어요. 꿈을 찾는 데는 나이나 시기가 중요한 게 아니에요. 중요한 건 당신 안에 이미 답이 있다는 걸 깨닫고, 그것을 향해 한 걸음씩 나아가는 용기예요."

나 역시 사춘기 시절, 막연히 품었던 바람이 하나의 꿈으로 구체화되기까지 오랜 시간이 걸렸다. 나는 그저 질문하고 상상했고, 작은 행동을 보탰을 뿐이다. 지금 조급함을 느끼고 있다면, 우선 스스로에게 물어보라.

'내가 가장 원하는 것은 무엇인가?'

그 답이 지금은 흐릿하게 느껴져도 괜찮다. 스스로를 들여다보고, 상상하고, 작은 실천을 하나씩 더하다 보면 언젠가 그 꿈은 아주 또렷한 현실이 되어 눈앞에 나타날 것이다. 나도 그렇게 걸어왔다. 당신도, 충분히 그렇게 할 수 있다.

타인의 기대에서 벗어나 나만의 삶을 선택하라

우리는 부모님과 주변 어른들로부터 이렇게 배워왔다. "공부 열심히 해서 좋은 대학에 가면, 안정적인 회사에 들어가면 네 삶은 평탄할 거야." 하지만 살아보면 과연 그런가? 안정적인 회사에 들어간 내 친구는 40대 초반에 조기퇴직 권고를 받았다. 퇴직 없이 회사를 다닌다 해도, 원하는 만큼 풍요로운 삶을 누리기는 쉽지 않다. 주변에 '좋은 직장'에 다니는 사람들을 봐도, 그들이 정말 행복해 보이는 경우는 드물다.

    나는 세일즈와 사업을 하며 수많은 풍랑을 겪었다. 경기에 따라 오르내리는 순간도 있었지만, 내 일에 대한 열정만큼은 언제나 흔들리지 않았다. 누가 뭐라 해도, 나는 내가 원하는 길을 스스로 선택했고, 그 길을 묵묵히 걸어왔다. 내가 걸어온 길이 모두 옳았다고 말할 수는 없을지도 모른다. 하지만 분명한 건, 나는 결코 다른 사람의 인생 방향에 끌려가지 않았다는 것이다. 내 삶의 주도권은 내가 쥐겠다고 결심했다. 남들이 요구하는 대로, 남들이 제안하는 대로 사는 삶이 아니라, 온전히 내가 원하는 삶을 살아가겠다는 다짐. 그 다짐이 지금의 나를 만들어주었다.

    어릴 때는 내가 하고 싶은 일이 무엇인지 잘 몰랐다. 살아가면서 비로소 깨달았다. '아, 그때 내가 노래를 배우고 싶었구나.' '아, 복싱을 배우고 싶었구나.' '아, 뮤지컬 배우가 되고 싶었던 거였구나.' 나는 이런 깨달음을 그냥 흘려보내지 않기로 했다. 당장 뮤지컬 배우가 될 수는 없었지만, 열심히 일해 모은 돈으로 내가 꿈꾸던 것들을 취미로 경험해보기 시작했다. 하고 싶은 일의 목록을 적고, 하나씩 실현해나갔다.

    뮤지컬 배우인 교수님께 뮤지컬 넘버를 추천받고 노래를 배우고, 무대 위에 선 배우의 감정을 상상하며 노래와 표현으로 나의 에너지를 발산했다. 누가 비웃을까 걱정하지 않았다.

이 세상에 단 하나뿐인 내 삶, 나는 내가 원하는 것을 향해 나아가는 중이었기 때문이다.

나는 하고 싶은 일이나 이루고 싶은 목록을 적고, 성취할 때마다 나에게 작은 보상을 주었다. 목표 하나를 이뤘을 때는 내가 배우고 싶었던 것을 배우거나 오래도록 하고 싶었던 무언가를 스스로에게 선물했다. 그런 나만의 보상이, 더 큰 꿈을 향해 나아가게 하는 원동력이 되어주었다. 무엇보다 중요한 것은, 내 삶에 간섭하려는 사람들과 논쟁하지 않는 것이다. "너의 길은 틀렸다." "그렇게 하면 안 된다." 이런 말을 하는 사람들에게 에너지를 낭비하지 말자. 꿈이 없는 사람은 내 꿈을 이해하지 못한다. 내 인생의 결정권은 오직 나에게 있다. 내 꿈의 목록과 투 두 리스트를 남에게 보여주며 이해시키려 애쓰지 않아도 된다. 나의 목표는 나만의 것이다.

지금이라도 늦지 않았다. 꿈을 찾고, 그 꿈을 구체화하며 한 발짝씩 나아가라. 당신의 삶은 타인을 위한 것이 아니다. 온전히 당신이 원하는 삶을 선택하라. "내 삶의 주도권은 내가 쥔다." 그렇게 결심하고, 내가 원하는 것을 향해 한 걸음씩 실천한 그 모든 시간이 결국 나를 행복과 성공으로 이끌었다. 당신도 그렇게 할 수 있다. 지금 시작해도 충분하다. 당신의 꿈은, 당신이 '선택'하는 순간부터 현실이 될 준비를 시작한다.

2장
꿈을 현실로 만드는
100번 쓰기와 자기 확언

요즘 '100번 쓰기'에 대한 이야기를 자주 듣는다. 이 방법을 바라보는 시선은 사람마다 다르다. 어떤 이는 "그게 무슨 효과가 있겠어?"라며 회의적으로 말하고, 어떤 이는 유행처럼 따라 하기도 한다.

나 역시 처음엔 반신반의했다. 하지만 지금은 말할 수 있다. 100번 쓰기와 자기 확언은 내 삶을 분명히 바꿔놓았다. 이제부터 그 변화의 과정을, 그리고 내가 꿈꾸던 목표를 어떻게 현실로 만들어왔는지를 하나씩 풀어보려 한다.

결국 해내는 사람들의
꿈을 끌어당기는 법칙

우리가 꿈과 목표를 세우는 순간, 우주는 그 꿈을 이루기 위한 여정을 시작한다. 하지만 많은 사람들이 이렇게 의심한다.

"정말 꿈꾸는 것만으로 이뤄질까?"

이 질문에 대한 답은 간단하다.

"이룰 수 있다. 하지만 꿈을 그리는 데 그치지 않고 행동으로 옮길 때만 가능하다."

우리가 간절히 원하는 것을 마음에 품고, 반복적으로 상상하면, 우리의 뇌와 우주의 에너지는 점점 서로 연결되기 시작한다. 신경과학적인 관점에서 보면, 우리의 뇌에는 망상 활성화 체계(RAS)라는 시스템이 있다. 이 시스템은 우리가 집중하는 대상에 대해 주의력을 높이고, 그와 관련된 자극을 더 빠르고 민감하게 포착하도록 돕는다.

예를 들어, 어떤 차를 사고 싶다고 마음먹은 적이 있다면, 이상하게도 그 차가 거리에서 유독 자주 보였던 경험이 있을 것이다. 이는 단순히 우연이 아니라, 우리의 뇌가 목표와 관련된 정보를 의식적으로, 그리고 무의식적으로 찾아내기 시작한 것이다. 반복적으로 주의를 기울인 대상은 우리의 인식 우선순위에 올라서고, 나머지 정보들은 자동으로 걸러진다. 이것이 바로 RAS가 작동하는 방식이다.

끌어당김의 법칙과 에너지의 연결

RAS가 우리의 주의를 조율한다면, 우주는 우리가 발산하는 에너지를 기반으로 기회를 끌어당긴다. 끌어당김의 법칙은 단순히 '원하면 이루어진다'라는 말로 설명될 수 있는 개념이 아니다. 이 법칙은 우리가 내보내는 감정의 에너지와 진동 주파수에 반응한다.

우리가 기쁨과 감사의 감사로 충만할 때, 우주는 그와 비슷한 주파수를 지닌 사람과 기회를 삶 속으로 끌어온다. 반대로, 불안과 두려움 같은 낮은 에너지를 지속적으로 발산하면, 그에 맞는 상황과 환경이 우리의 삶에 나타난다. 그래서 이 법칙을 제대로 활용하고 싶다면, 반드시 기억해야 할 것이 있다.

1. 기쁨과 감사의 감정을 유지하라
"항상 기뻐하라, 쉬지 말고 기도하라, 범사에 감사하라."라는 말은 단순한 교훈이 아니다. 이는 높은 진동 주파수를 유지하라는 뜻이다. 기쁨과 감사는 강력한 에너지를 발산하며, 이는 긍정적인 변화를 불러온다.

2. 원하는 목표를 시각화하라
원하는 목표를 구체적으로 상상하고 반복적으로 떠올려야 한다. 뇌는 상상한 목표와 현실을 구분하지 못한다. 목표를 생생하게 그릴수록, 뇌는 그 목표를 이루기 위해 더 많은 기회를 찾게 된다.

3. 반드시 행동으로 옮겨라
생각만 하고 아무것도 하지 않는다면, 끌어당김의 법칙은 반쪽만 작동할 뿐이다. 원하는 목표를 향해 행동을 시작해야 한다. 아주 작은 움직임이라도 좋다. 우리가 한 걸음을 내디디는 순간, 우주는 그 행동에 맞는 기회를 응답처럼 보내오기 시작한다.

양자 역학과 끌어당김의 법칙

양자 역학에는 '관찰자 효과'라는 개념이 있다. 우리가 어떤 목표나 대상을 집중하면, 그 대상 자체가 실제로 변화한다는 원리다. 끌어당김의 법칙도 이 개념과 깊은 연관이 있다. 머릿속에서 선명하게 상상하고, 진동 에너지를 만들어낼수록 그것이 현실로 나타날 가능성은 더 높아진다.

토머스 에디슨도 이 원리를 자연스럽게 실천한 인물이었다. 그는 발명 과정 내내 자신의 아이디어에 집요할 만큼 집중했고, 그 집중력은 결국 눈앞의 현실로 이어졌다. 나는 에디슨의 사례를 통해 끌어당김의 법칙이 단순한 자기 암시가 아니라, 실제로 작동하는 강력한 원리라는 것을 확신하게 되었다.

    나도 100번 쓰기를 통해 이 원리를 실천했다. 단순히 목표를 반복해서 적는 작업이 아니라 내가 이루고 싶은 모습을 구체적으로 그려보고, 그 감정을 에너지로 전환해 내면에서부터 방출하는 과정이었다. 결국 결과를 결정짓는 것은, 내가 그 목표를 얼마나 간절히 바랐는지, 그리고 그것을 현실로 만들기 위해 얼마나 깊이 몰입했는지에 달려 있었다.

100번 쓰기로 만들어낸 흔들림 없는 신념

메리케이를 처음 시작했을 때, 나는 신용카드도 없었고 주변에 도움을 청할 지인도 거의 없었다. 처음에는 그저 생활비를 벌기 위한 선택이었다. 하지만 일을 하다 보니, 점점 사람들을 더 아름답게 만드는 일이 좋아졌다. 그래서 나는 매출보다 '사람'에 집중하기로 했다. "이번 달에 스킨케어 방법을 알려줄 고객 열 명을 만나야지", "메이크업을 해줄 열 명을 찾아야지" 같은 목표를 세웠다.

    그렇게 구체적인 목표를 세워가던 중, 나는 100번 쓰기를 시작했다. 나는 노트를 꺼내 이렇게 적었다.

☑ 나는 2024년 9월 1일 홍콩·마카오 프로모션에 간다.

☑ 그곳에서 많은 사람들과 사진을 찍고, 유명 스타가 된다.
☑ 파워 셀러를 위한 강의를 듣고 강력한 세일즈 실력을 갖춘다.

처음에는 "내가 정말 이걸 할 수 있을까?" 하는 의심도 들었다. 하지만 매일같이 목표를 적다 보니, 그 문구들이 단순한 글자가 아니라 흔들리지 않는 신념이 되었다. 그 문구를 적는 동안, 내 머릿속은 점점 더 확신으로 가득 차기 시작했다.

100번 쓰기와 실행의 결합

하지만 100번 쓰기만으로 꿈이 이루어지지는 않았다. 글로 적고 끝내는 것만으로는 아무런 변화도 일어나지 않았다. 중요한 것은 실행이었다. 나는 목표를 하루 단위로 쪼갰고, 그 하루를 아침, 점심, 저녁으로 나누어 실천 계획을 세웠다.

예를 들어, 프로모션 목표를 달성하기 위해서는 더 많은 고객에게 제품을 알리고, 필요한 사람에게 정확하게 도달해야 했다. 그래서 나는 모든 사람에게 메시지를 보내는 대신, 고객 리스트를 꼼꼼히 관리하면서 고객의 관심사와 필요를 분석했다.

물광 메이크업을 배우고 싶어 했던 고객에게는 "오늘 단 하루, 선착순 메이크업 클래스 모집" 메시지를 보냈다.

재구매가 필요한 고객에게는 "오늘 수분 크림 2개 구매 시

+ 2주분 수분 샘플 증정!" 같은 맞춤형 제안을 했다.

이렇게 고객 맞춤형 홍보로 적중률을 높였고, 매출 역시 자연스럽게 상승했다. 그 모든 과정에서 가장 중요한 것은 반드시 이 목표를 이루겠다는 '확신'이었다. 그 확신은 바로 100번 쓰기를 통해 만들어졌다.

간절한 상상이 현실이 될 때

텔레비전에 출연하는 꿈을 꾸게 된 건 초등학교 4학년 때였다. 그 당시 내 동생이 학교에서 운영하던 '학급 뉴스'라는 코너에 출연해 각 반으로 송출되는 뉴스 영상에 등장한 적이 있었다. 그 모습을 보며 나는 느꼈다.

"나는 나를 표현하고 싶구나."

용기가 없었을 뿐, 마음속 깊은 곳에는 막연한 꿈이 자리 잡고 있었다. 언젠가 티브이에 출연해 내가 아는 것들을 많은 사람에게 전하는 사람이 되고 싶다. 하지만 그 시절의 꿈은 막연한 바람에 불과했다. 어떻게 이뤄야 할지 몰랐고, 나 자신조차 믿지 못했다.

그 오랜 꿈은 메리케이를 시작하면서 조금씩 구체화되었다. 그때 나는 "꿈의 지도에 붙이는 모든 것은 현실이 된다."라는 말을 믿기 시작했다. 잡지에 실린 아나운서의 얼굴에 내 얼굴 사진을 오려 붙이며, 내 미래를 상상했다.

　티브이를 볼 때마다 나는 마음속으로 되뇌었다. '나도 언젠가 저 자리에 서서, 내가 아는 지식과 이야기를 세상에 전하고 싶다.' 그 상상은 단순한 생각을 넘어 간절한 바람이 되었다. 그리고 그 바람은 점차 현실이 되기 시작했다.

　메리케이 비즈니스에서 성과를 내기 시작하며, 회사에서 나를 대표로 내세워 스킨케어 클래스와 메이크업 클래스를 진행하게 되었다. 이 활동은 한 잡지에 소개되었고, 이를 계기로 다른 잡지사에서도 내 성공 스토리를 다루고 싶다며 인터뷰 요청이 들어왔다. 여러 매체에 내 이야기가 실리며, 나는 자연스럽게 더 많은 사람들에게 알려지게 되었다.

　'이제 잡지 말고 티브이에도 나가고 싶은데? 될까?'

　꿈의 지도를 다시 펼쳤다. 이번에는 인터뷰하는 나의 모습을 구체적으로 상상하며, 매일 간절히 그 장면을 그려보았다. 그리고 놀랍게도, 그 꿈은 또다시 현실이 되었다.

　2018년, 나는 다이어트 성공 사례를 공유하는 사업가로 티브이 인터뷰를 한다. 이후에는 MC붐, 블랙비의 재효, 그리고 유명 작곡가 UL이 진행하는 〈방판소년단〉이라는 프로그램에서 다이어트 전문가로 소개되기도 했다. 촬영 중 문득 이런 생각이 들었다. '드디어 내가 꿈꾸던 순간이 왔구나. 정말 감사하다.'

　이뿐만이 아니었다. 유명인과 함께 일하고 싶다는 또 다른 꿈도 현실이 되었다. 리듬체조 선수 신수지 씨와 함께 한 제품을 홍보하며 이야기를 나눈 시간이 기억에 남는다. 그녀는 날씬한 몸매를 유지하는 비결로 특별한 비법이 아닌, '지속적인 노력'이라고 말했다. 그 말은 내게 큰 울림을 주었다. 그 이후로 나는 더 이상 살이 찌는 것에 대해 불안해하기보다는, '지금 내가 할 수 있는 꾸준한 실천에 집중하자'는 마인드로 전환하게 되었다.

티브이에 나가고 싶다는 꿈, 유명인과 함께 일하고 싶다는 꿈, 내가 아는 것들을 더 많은 사람들과 나누고 싶다는 꿈. 이 모든 꿈을 현실로 만들 수 있었던 이유는 단 하나, 간절한 바람과 그에 맞춘 꾸준한 행동이 있었기 때문이다. 꿈은 단지 상상 속에 머무르지 않았다. 나는 그것을 현실로 만들기 위해 매일 상상하고 행동했다. 그리고 그 결과, 나는 내가 그토록 원했던 길 위에 섰다.

이제는 확신한다. 꿈은 간절히 바라면 이루어진다. 그리고 그 꿈을 향해 나아가는 여정은 우리가 생각하는 것보다 더 놀랍고 경이롭다.

동생의 100번 쓰기

내 동생은 메리케이에서 나와 함께 일하면서도 100번 쓰기를 하지 않았다. 하지만 마인드파워의 원리를 배운 나는, 동생이 100번 쓰기를 미루는 것을 더이상 보고 있을 수 없었다. 그래서 단호하게 말했다. "꼭 써야 해. 반드시 이루어질 거야." 동생은 처음엔 반신반의했다. "그게 정말 효과가 있을까?"라고 고개를 갸웃했지만, 막상 쓰기 시작하자 놀라운 변화가 일어났다. 적어 내려간 꿈들이 하나둘씩 현실이 되기 시작한 것이다.

유리창으로 된 작은 미술 학원의 꿈
퍼스널 컬러 강사였던 동생은 오래전부터 예쁜 미술 학원을 운영하고 싶다는 꿈을 품고 있었다. 아이들이 편하게 찾아올 수 있도록 학교 근처에 위치한, 전면이 통유리로 되어 있어 밖에서도 그림 그리는 모습이 보이는, 작지만 아기자기한 공간을 원했다. 아이들뿐 아니라 성인도 함께 그림을 그릴 수 있는 그런 학원 말이다.

동생은 이 모든 조건을 100번 쓰기에 구체적으로 써내려갔다. 그리고 정말 놀랍게도, 그 모든 조건을 하나도 빠짐없이 갖춘 미술 학원을 인수하게 되었다.

가족 모두가 학원을 처음 방문했을 때, 입을 다물지 못했다. "이거… 네가 썼던 그 내용이잖아!" 우리는 모두 눈으로 직접 확인했다. 동생이 100번 쓰기에 적었던 장면이 하나도 빠짐없이 현실로 펼쳐져 있었다. 그 순간, 나는 다시 한번 확신했다. 100번 쓰기는 단순한 바람이 아니라, 현실을 이끄는 강력한 에너지라는 사실을.

세밀한 조건까지 맞아떨어진 꿈의 집

미술 학원이 점차 안정되고 여유가 생기자, 동생은 새집에 대한 꿈을 꾸기 시작했다. 그는 100번 쓰기를 하며 집에 대한 구체적인 조건을 하나하나 적어 내려갔다.

- ☑ 넓은 도로가에 위치하고 주차가 편리할 것
- ☑ 집 앞에 CCTV가 있는 안전한 환경
- ☑ 초록색 대문
- ☑ 집 근처에 편의점과 커피숍이 있을 것
- ☑ 방 3칸, 거실 1개, 화장실 1개

이처럼 동생은 자신이 원하는 조건을 구체적으로 써 내려가며, 100번 쓰기를 반복했고 동시에 집을 직접 보러 다녔다. 그 과정에서 괜찮아 보이는 집도 몇 군데 있었지만, 이상하게도 '여기다!' 싶은 강한 확신은 들지 않았다. 그러던 어느 날, 한 집 앞에 도착했을 때 우리는 걸음을 멈췄다. 초록색 대문. 그 순간, 뭔가 예사롭지 않은 느낌이 스쳤다.

그런데 집 안에 들어서는 순간, 우리는 입을 다물지 못했다. 동생이 100번 쓰기에 적었던 모든 조건들이 하나도 빠짐없이 그대로 실현되어 있었기 때문이다. 동생은 현관을 들어서자

마자 말했다. "언니, 여기야. 이 집이 내가 꿈꾸던 그 집이야."
그 말에 나도 고개를 끄덕일 수밖에 없었다. 분명 처음 가보는 공간이었지만, 마치 오랫동안 기다려온 장소처럼 낯설지 않았다. 눈앞이 환해지는 듯했고, 마치 시원한 바람이 공간을 가로지르는 느낌이었다. 마치 교회에서 말하는 '영안이 열리는' 순간처럼, 설명할 수 없는 강한 확신이 들었다.

집을 둘러보고 나오자마자 엄마, 나, 동생 모두 입을 모아 동시에 외쳤다.

"여기로 할게요!"

그날 이후, 나는 더 이상 의심하지 않았다. 생각하고 적고, 행동하면 결국 현실이 바뀐다. 그 모든 과정을 가장 또렷하게 보여준 순간이었다.

꿈을 구체적으로 그려내는 도구

동생의 이야기는 100번 쓰기의 힘을 다시 한번 증명한 사례다. 단순히 꿈을 적는 것에서 그치지 않고, 그 꿈의 조건을 구체적으로 상상하며 반복해 썼기에, 그 진동이 현실로 나타났다고 나는 확신한다.

전면 유리창이 있는 미술 학원, 초록색 대문과 시시티브이가 설치된 안전한 새집. 100번 쓰기를 통해 상상했던 모든 요소가 하나도 빠짐없이 현실로 이루어졌다. 이 경험은 100번 쓰기가 단순한 자기 암시를 넘어, 실제로 강력한 현실 창조의 도구임을 보여준다.

"100번 쓰기가 정말 효과 있을까?"라는 질문에 나는 이렇게 답한다. 적어 보지 않고는 그 효과를 알 수 없다. 나도, 내 동생도 직접 체험했다. 그리고 당신도 마찬가지다. 꿈을 단순히 적는 것에서 멈추지 말고, 생생하게 상상하고 그에 맞는 행동을 더해보라. 그 순간, 당신이 상상하지 못했던 놀라운 일이 시작될 것이다.

진동의 법칙과 자기 확언

100번 쓰기를 실천하면서 내가 경험한 또 하나의 강력한 도구는 바로 자기 확언이었다. 자기 확언은 단순히 긍정적인 문장을 반복하는 행위가 아니다. 그것은 내면 깊숙이 신념을 심어주고, 우주에 긍정의 진동을 흘려보내어, 꿈을 현실로 이끄는 강력한 에너지를 만든다.

나는 매일 아침, 점심, 저녁에 거울 앞에서 자기 확언을 반복했다. "나는 할 수 있다." 이 한마디만으로도 내 잠재의식에 강력한 파장을 일으켰다. 그 말은 단순한 위로나 자기 위안이 아니었다. 내가 외친 확언은 우주를 향해 진동을 방출했고, 그 진동은 점차 나의 현실을 바꾸기 시작했다.

양자 역학의 원리에 따르면, 우리의 생각과 말은 고유한 진동 에너지를 만들어낸다. 이 에너지는 내가 원하는 목표와 일치할 때 현실이라는 형태로 나타난다. 나는 자기 확언을 통해 긍정적인 진동을 의도적으로 내보냈고, 그 에너지는 내 신념을 더욱 단단히 굳히고, 결국 행동으로 나아가게 하는 강력한 추진력이 되었다.

매일 나는 다음과 같은 자기 확언을 반복했다.

"나는 돈을 끌어당기는 거대한 자석이다."

"나는 매일 풍요와 성공을 자연스럽게 받아들인다."

"나는 내가 집중하는 것이 나의 현실을 만든다는 사실을 안다."

"나는 무엇이든 이룰 수 있는 강력한 사람이다."

"나는 이미 나의 꿈을 이루었고, 그것에 감사한다."

"나는 내 생각과 행동으로 현실을 창조한다."

이 확언들은 단순히 머리로만 외우는 말이 아니었다. 나는 이 문장을 반복할 때마다 목표를 이미 달성한 듯한 기쁨과 감사의 감정을 느끼려고 노력했다. 나의 감정과 진동이 목표와 완벽히 일치할 때, 나의 행동은 자연스럽게 목표를 향해 움직였다.

100번 쓰기와 자기 확언의 시너지

100번 쓰기와 자기 확언은 서로를 보완하며 작동하는 강력한 도구였다. 나는 목표를 100번 쓰며 구체적인 장면을 시각화했고, 자기 확언을 통해 그 장면에 긍정적인 진동을 입혔다. 이 과정은 단순한 반복 작업이 아닌, 꿈꾸는 현실에 에너지를 채워 보내는 의식적 행동이었다.

목표의 시각화와 몰입

나는 매일 목표를 100번 쓰면서, 이미 그 목표를 이룬 사람처럼 상상했다. 예를 들어 "나는 2014년 9월, 홍콩과 마카오에 간다."라는 문장을 적을 때마다, 마치 그 순간이 이미 현실이 된 것처럼 상상했다. 홍콩 거리에서 찍을 사진, 프로모션 무대 위에서 강의하는 내 모습, 현지에서 새롭게 만날 사람들과의 생생한 장면을 머릿속에 그려보았다. 이렇게 구체적인 시각화는 나의 진동 에너지를 더욱 선명하게 만들었고, 목표에 몰입하는 힘을 극대화시켜 주었다.

진동과 실행의 연결

사람들은 종종 100번 쓰기를 단순한 자기 암시로 여긴다. 하지만 그 과정을 통해 생성되는 에너지가야말로 진짜 핵심이다. 나는 목표를 적고 상상하며 이미 이루어진 것처럼 감정을 느꼈다. 그 진동은 나의 행동에 직접적인 영향을 주었고, 결국 나를 실행으로 이끌었다. 내가 쓴 목표는 단순한 글자가 아니라, 나를 움직이게 만든 강력한 원동력이었다.

진동 에너지가 현실로 나타나다

100번 쓰기와 자기 확언을 통해 나는 전국의 고객을 확보하고, 연 매출 3억 원을 달성할 수 있었다. 이 모든 과정에서 가장 핵심이 된 건, 내가 품은 생각과 감정이 목표와 일치하는 '에너지 상태'에 도달했다는 점이다. 나의 내면은 목표를 중심으로 강한 집중력을 발휘했고, 그것은 실제 현실로 이어졌다.

나는 단순히 목표를 적는 데 그치지 않았다. 그 목표가 이미 이루어진 듯한 기쁨과 감사를 매일 느끼며, 구체적인 장면을 상상했고, 그 감정을 자기 확언으로 더욱 단단히 다져갔다.

긍정적인 진동 유지

목표를 향한 긍정적인 에너지 상태를 유지하는 것이 무엇보다 중요했다. 에너지와 목표가 일치할 때, 현실의 흐름도 점차 바뀌기 시작했다. 마치 양자 역학의 '관찰자 효과'처럼, 내가 어떤 의도를 품고 집중하느냐에 따라 결과가 달라지는 것을 직접 경험했다.

행동으로 이어지는 신념

내가 품은 진동이 목표와 맞아떨어지자, 자연스럽게 행동으로 이어졌다. 무엇을 해야 할지 명확해졌고, 구체적인 실행 계획이 떠올랐다. 그 계획을 한 걸음씩 실천해 나가면서, 나는 점점 목표에 가까워지고 있었다.

100번 쓰기 실패 사례

내가 속한 한 스마트폰 단체 대화방에는 함께 책을 읽고 나누는 약 천여 명의 사람들이 있다. 이 방에서 종종 이런 글이 올라온다.

"끌어당김의 법칙이면 다 된다고 해서 100번 쓰기를 무려 3개월 넘게 했는데 벤츠는커녕 자전거도 못 샀어요."

"적고 생생하게 상상만 하면 된다고 해서 간절한 마음으로 매일 썼는데, 아무 일도 일어나지 않더라고요."

"월 1억 벌게 해달라고 100번이나 적었는데, 현실은 그대로예요. 뭐가 문제였던 걸까요?"

이런 질문에는 한 가지 공통점이 있다. '끌어당김의 법칙'과 '100번 쓰기'를 마치 요술 램프처럼 오해하고 있다는 점이다.

끌어당김의 법칙은 단순히 적는 것만으로는 현실이 되지 않는다. 하지만 많은 사람들이 이 법칙을 적고 상상하면 끝나는 것이라고 착각한다. 물론 적고 상상하는 과정은 시작점으로서 매우 중요하다. 하지만 그것만으로는 충분하지 않다. 반드시 행동이 뒤따라야 한다.

이쯤 되면 또 이런 질문이 나온다.

"그럼 결국 행동이 중요하다면, 100번 쓰기나 끌어당김의 법칙은 그냥 노력 아닌가요? 괜히 환상만 심어주는 거 아닌가요?"

이 질문에 대해, 론다 번과 밥 프록터는 아주 명확하게 답한다.

끌어당김의 법칙과 실행은 하나다

『시크릿』의 저자 론다 번은 끌어당김의 법칙을 이렇게 설명한다.

"우주의 카탈로그에 주문을 넣는 것과 같다. 하지만 주문만 하고 소파에 앉아 아무것도 하지 않으면, 배달이 오지 않는다."

즉, 끌어당김의 법칙은 우리가 원하는 것을 구체적으로 상상하고, 그것이 현실이 된 것처럼 느끼며 행동할 때 비로소 작동한다는 것이다.

밥 프록터는 실행의 중요성을 이렇게 강조한다.

"생각은 에너지를 만든다. 그러나 에너지를 실질적인 결과로 전환하는 것은 행동이다."

그는 끌어당김의 법칙을 단순히 생각의 힘으로만 바라보는 것이 아니라, 생각이 행동으로 이어질 수 있도록 신념과 에너지를 강화하는 도구로 본다.

100번 쓰기를 해도 실패하는 이유

100번 쓰기를 했음에도 불구하고 원하는 결과가 나오지 않는 이유는 크게 두 가지다.

1) 구체적인 계획과 실행이 없다
목표를 적고 상상하는 것에서 멈추면, 그것은 단지 '희망'에 불과하다.

예를 들어 '벤츠를 사고 싶다'고 적었다면, 벤츠를 사기 위해 필요한 조건을 스스로 찾아야 한다. 월 소득, 예산, 금융 옵션, 직업적인 성장 등 구체적인 계획과 행동이 필요하다. 실행 없는 100번 쓰기는 낙서에 지나지 않는다.

2) 진정한 몰입과 확신이 부족하다
끌어당김의 법칙에서 가장 중요한 것은 '이미 이루어진 것처럼 느끼는 감정'이다. 하지만 많은 경우, 사람들이 목표를 적으면서도 마음 한편으로는 이렇게 생각한다.

'이게 과연 될까?'

이런 의심은 우주에 혼란된 에너지를 보내고, 끌어당김의 법칙을 흐트러뜨린다. 밥 프록터는 이를 '마음의 갈등'이라고 표현한다. 믿음이 불완전하면, 법칙은 작동하지 않는다.

끌어당김의 법칙과 실행의 조화

상상은 현실의 청사진이다.

끌어당김의 법칙에서 상상은 매우 중요한 요소다. 론다 번은 이를 '영적 주문서 작성'에 비유한다. 우리가 목표를 상상하고, 그 장면을 생생하게 느낄수록 우리의 뇌는 그 목표를 이루기 위한 기회를 더 잘 인식하게 된다.

예를 들어 '월 1억을 벌고 싶다'고 적었다면, 단지 숫자만 바라보는 것이 아니라 그 상황을 구체적으로 상상해보는 것이 중요하다.

나는 어떤 제품이나 서비스를 팔고 있을까? 어떤 사람들과 함께 일하고 있을까? 그때 나는 어떤 공간에 있을까? 그때의 나는 어떤 감정을 느끼고 있을까?

이처럼 상상은 방향을 만들고, 행동은 그 끌어당김을 가속

화한다.

론다 번은 끌어당김의 법칙에서 '행동'의 역할을 이렇게 설명한다.

"우주는 항상 기회를 제공한다. 하지만 그 기회를 잡기 위해 우리가 움직여야 한다."

'벤츠를 사고 싶다'라고 적었다면, 먼저 해당 모델의 가격을 알아보고, 견적을 받고, 시승 예약을 잡는 등의 행동이 필요하다. 우주는 이런 행동을 통해 더 많은 기회를 제공한다.

감사와 긍정적인 에너지로 진동을 높여라

밥 프록터는 "감사하는 마음은 가장 높은 주파수를 발산한다."라고 말했다. 이 말은 단순히 좋은 기분을 유지하는 것을 넘어, 끌어당김의 법칙을 작동시키는 강력한 에너지의 원천이 된다는 의미다. 목표가 아직 이루어지지 않았다고 느껴질 때일수록, 지금 내가 가진 것에 감사하는 마음을 유지하는 것이 중요하다. 감사는 진동 에너지를 높이고, 불평이나 불안 대신 긍정적인 가능성을 끌어오게 하기 때문이다.

오프라 윈프리의 사례는 감사가 가진 힘을 잘 보여준다. 그녀는 어린 시절 경제적으로 매우 어려운 환경에서 자랐지만, 늘 자신이 가진 것에 감사하는 태도를 잃지 않았다. 그녀는 "감사는 나를 더 높은 진동으로 올려놓고, 내가 더 많은 것을 받을 준비를 하게 했다."라고 말한다. 오프라는 매일 감사의 순간들을 기록하며, 감사를 통해 자신의 생각과 마음을 긍정적으로 유지했다. 이는 그녀가 힘든 순간에도 자신의 목표를 놓지 않고 꾸준히 나아갈 수 있게 해준 원동력이었다. 그녀의 감사하는 태도는 성공 이후에 생긴 결과가 아니라, 성공으로 가는 길에서 진동 에너지를 높여준 핵심이었다.

1. 감사는 마음의 자석이다

『감사의 힘』의 저자 메리 먼로는 "감사는 긍정적인 사건과 사람을 끌어당기는 강력한 자석과 같다."라고 강조한다. 우리가 이미 가진 것들에 대해 감사하는 순간, 마음의 주파수가 바뀌고, 그에 맞는 더 많은 좋은 것들이 삶으로 끌려오기 시작한다. 아직 목표를 이루지 못했다고 해서 불평과 좌절에 빠지는 대신, 지금 내 삶에 이미 존재하는 작은 것들에 감사하는 마음을 갖는 것, 그것이 더 큰 기회를 끌어당기는 시작이 된다.

2. 생생히 상상하고 감사한다

목표를 상상하는 데 그치지 않고, 그것이 이미 이루어진 것처럼 감사하라. 예를 들어 "나는 건강한 몸을 가지고 있어 감사합니다."라고 말하며 몸이 건강해지는 순간을 생생히 떠올려 보는 것이다. 오프라 윈프리처럼 매일 감사 일기를 쓰는 것도 좋은 방법이다. 그녀는 이렇게 말했다. "작은 일에 감사를 느끼는 연습이 나의 성공 여정의 기초였다."

3. 감사는 행동의 원동력이 된다

감사는 단지 마음에서 끝나는 감정이 아니다. 우리가 행동하게 만드는 에너지를 만들어낸다. 예를 들어 대학 입학을 꿈꾸는 학생이 있다고 가정하자. 그는 단순히 좋은 대학에 들어가고 싶다고 바라는 데서 멈추지 않는다. 대신, 자신이 이미 합격한 모습을 상상하며 감사의 감정을 스스로 일으킨다. "나는 꿈꾸던 대학에 합격한 것에 정말 감사하다. 그곳에서 배우고 성장할 기회가 주어져서 행복하다." 그는 이렇게 말하며 마음속에서 이미 그 미래를 살아본다.

이 감사를 통해 그는 시험공부에 대한 동기와 열정이 생기고, 자연스럽게 학업에 더 집중하게 된다. 그 결과, 더 효율적으로 공부하고, 최선을 다할 수 있는 힘을 얻게 된다. 감사는 단순히 기분을 좋게 만드는 것을 넘어, 목표를 향한 행동을 촉진하는 강력한 에너지다.

또 다른 예로, 창업을 준비하는 사람이 있다고 하자. 그는 자신이 이루고 싶은 비전을 상상하며 감사하는 마음으로 이렇게 말한다. "나는 내가 열정을 쏟을 수 있는 사업을 시작하게 되어 정말 감사하다. 고객들이 내 제품을 애용하는 모습에 정말 행복하다." 이 감사를 통해 그는 초기 자금을 마련하기 위해 일찍부터 계획을 세우고, 필요한 지식을 습득하며 네트워킹에도 주도적으로 나선다. 감사는 단순한 감정의 표현이 아니라, 구체적인 행동을 끌어내는 원동력이다.

4. 감사와 긍정 에너지의 시너지

끊임없이 감사와 긍정적인 마음을 유지하며 행동하는 사람은 우주의 기적을 경험한다. 이는 오프라 윈프리나 많은 성공한 인물들이 실천해온 진리다. 끌어당김의 법칙은 상상과 행동에 감사의 에너지를 더할 때 비로소 완성된다.

"감사하는 마음이 당신의 진동을 높이고, 그 진동이 당신의 꿈을 끌어당길 것이다. 감사를 느끼며 상상하고, 행동하라. 그러면 우주는 놀라운 방식으로 당신의 꿈을 현실로 만들어줄 것이다."

100번 쓰기를 시작할 때 알아야 할 것들

목표는 구체적이어야 한다

막연한 목표는 흐릿한 결과를 만든다. 월 1억을 벌고 싶다는 바람은 너무 추상적이다. 대신 이렇게 적자.

- 우리 아이 ○○○는 2025년 1월, 말레이시아 국제 학교에 입학한다.
- 나는 12월까지 총 4,000만 원을 마련해 가족과 함께 출국한다.

목표가 구체적일수록 우리의 뇌는 그에 맞는 정보와 방법을 훨씬 더 잘 인식한다. 분명한 문장은 분명한 행동을 이끈다. 그리고 그 행동이 분명한 결과를 만들어낸다.

반복은 확신을 만든다
매일 같은 문장을 적다 보면, 처음에 어색했던 말들이 점점 진짜처럼 느껴지기 시작한다. 의심은 사라지고, 그자리에 확신이 자리 잡는다. 어느 순간 그 목표는 '이루어졌으면 좋겠는 일'이 아닌 '이미 이루어진 나의 미래'처럼 느껴진다. 이 믿음이 당신을 움직인다.

적기만 해선 아무 일도 일어나지 않는다
100번 쓰기는 끌어당김의 출발점일 뿐이다. 아이디어가 떠올랐다면 바로 움직여야 한다. 작은 실천이 없으면, 끌어당김의 에너지는 정체된다.

생각 → 글쓰기 → 상상 → 행동 → 현실화
이 흐름을 놓치지 마라.

간절함이 모든 걸 이끈다

나는 아이의 미래를 지켜야 했고, 생활비를 벌어야만 했다. 선택이 아닌 '필요'였고, 바람이 아닌 '절박함'이었다. 그 간절함이 나를 매일 쓰게 만들었고, 결국 길을 만들어냈다. 간절함이 있는 사람은 절대 포기하지 않는다.

지금 당신도 시작할 수 있다. 100번 쓰기와 자기 확언은 단순한 글쓰기 훈련이 아니다. 그것은 내면 깊은 곳에 신념을 심고, 그 신념이 행동을 유도하며, 그 행동이 현실을 바꾸는 강력한 도구다.

반복적으로 문장을 쓰며 몰입하다 보면, 당신의 잠재의식은 그 꿈을 이루기 위한 기회와 방법을 스스로 끌어오게 된다. 당신이 적는 문장은 단순한 글자가 아니라, 당신이 직접 써 내려가는 삶의 시나리오다.

공책 한 권과 펜 한 자루면 충분하다. 가장 먼저 이루고 싶은 목표 하나를 선택하고, 오늘부터 100번씩 써보자. 그리고 매일 그것을 행동으로 이어갈 단 하나의 실천을 함께 적어보자.

작은 쓰기 + 작은 실천 = 큰 변화

혼자서 어렵다면, 내가 진행하는 강의에서 함께 시작할 수 있다. 100번 쓰기와 자기 확언, 그리고 마인드파워 실천법을 체계적으로 배울 수 있는 이 수업은 당신이 스스로를 믿고, 잠재력을 꺼내고, 마침내 현실을 바꾸는 강력한 힘이 되어줄 것이다.

당신의 꿈은 이제 더이상 단순한 상상이 아니다. 지금 이 순간, 현실로 향하는 문이 열리고 있다. 문을 여는 열쇠는 바로 당신 손에 있다.

오늘, 그 첫 문장을 적어라. 당신도 해낼 수 있다.

희망을 주는 마인드파워 리스트

메리케이를 시작할 무렵, 나는 『시크릿』과 『꿈꾸는 다락방』을 읽으며 나만의 실천법을 만들어갔다. 메리케이는 나에게 꿈을 실현하기 위한 플랫폼이 되었다. 매일 목표를 설정하고 그것을 향해 나아가는 과정 속에서 나는 긍정적인 변화를 경험했다.

최근에는 밥 프록터의 유일한 한국 파트너인 조성희 대표에게 마인드파워를 배우며, 내가 그동안 실천해 온 리스트들의 영향력을 더 깊이 이해하게 되었다. 생각은 단순한 공상이 아니라, 현실을 창조하는 에너지라는 것을 마음 깊이 확신하게 된 것이다.

이 리스트는 단순한 '할 일'이 아니라, 잠재의식을 설계하고 현실을 이끄는 힘을 만들어내는 도구다. 내가 직접 체험하고 지금도 매일 실천하고 있는 방법이기에, 여러분에게도 강력한 성공의 발판이 되어줄 것이라 믿는다.

☑ 매일 5분간 자신의 성공을 시각화한다.

하루의 시작과 끝에 5분씩 자신의 성공을 구체적으로 시각화하는 시간을 가져라. 성공의 느낌과 성취 상황을 생생하게 상상하는 것은 뇌에 긍정적인 신호를 보내며, 자신에 대한 믿음을 더욱 강화할 수 있다. 이 시각화 습관은 목표 달성에 대한 확신을 키우는 중요한 방법이다.

예시 아침에 일어나자마자 목표를 이루는 자신의 모습을 상상하며 하루를 시작한다.

☑ 감사 일기를 작성한다.

매일 감사할 세 가지를 기록하는 습관은 긍정적인 에너지를 끌어들일 수 있는 강력한 도구다. 작은 일이라도 상관없다. 일상 속에서 감사할 점을 꾸준히 기록하면 긍정적인 상황을 더 많이 경험할 수 있다. 이는 마음의 평화를 유지하고 자신감을 높이는 데 도움이 된다.

예시 잠들기 전 오늘 감사한 세 가지를 일기장에 적는다.

☑ 나의 강점을 인식하고 활용한다.

자신의 강점 세 가지를 적어보고, 그 강점을 세일즈나 사업에 어떻게 활용할 수 있을지 구체적으로 생각해보자. 강점을 인식하고 활용하는 것은 성장과 성공을 위한 필수적인 단계다.

예시 '대인관계 능력'을 세일즈에 어떻게 활용할지 구체적으로 계획한다.

☑ 한 달 안에 달성하고 싶은 목표를 설정한다.

구체적인 목표를 설정하고, 이를 이루기 위한 일일 계획을 세워 실천한다. 목표를 작은 단위로 나누어 매일 실천하면 큰 목표도 차근차근 이룰 수 있다.

예시 '한 달 안에 열 명의 새로운 고객 확보'라는 목표를 세우고, 이를 위해 매일 한 명의 잠재 고객에게 연락한다.

☑ 자기 확언의 힘을 누린다

자기 확언은 자신에게 긍정적인 메시지를 반복적으로 말함으로써 내면의 신념을 강화하는 강력한 도구다. 이는 단순한 바람을 넘어 신념으로 바뀌며, 실제 행동에도 긍정적인 변화를 가져오게 된다. "나는 가치를 팔고, 사람의 마음을 여는 고급 세일즈 전문가다." "나는 매월 ○○원 이상의 수익을 꾸준히 창출하는 세일즈 전문가다."와 같은 구체적인 확언을 자주 반복하면, 뇌는 점점 그것을 진실로 받아들이게 된다.

자기 암시의 중요성

자기 암시는 잠재의식에 긍정적인 이미지를 깊이 각인시키는 과정이다. 목표를 이미 이룬 것처럼 반복하여 상상하고 확언을 지속하면, 뇌는 그것을 현실로 받아들이고 행동을 조정하게 된다. 중요한 것은 자기 확언이 단순한 바람에서 멈추지 않고, 지속적인 반복을 통해 강한 신념으로 바꾸는 것이다.

자기 확언 실천 방법

☑ 현재 시제로 확언한다.

"나는 성공할 것이다."보다 "나는 이미 성공했다."라고 말한다. 뇌는 미래형보다 현재형 문장을 더 강하게 인식한다.

☑ 긍정적이고 구체적인 문장을 사용한다.

"나는 세일즈를 잘한다." 대신 "나는 매일 새로운 고객을 확보한다."처럼 행동이 느껴지는 구체적 표현이 효과적이다.

☑ 반복한다.

자기 확언은 하루에 여러 번 반복함으로써 뇌에 깊이 각인되고, 그 신념이 행동으로 이어진다. 자기 확언과 암시는 스스로에 대한 믿음을 강화하고, 목표를 향해 나아가는 강력한 도구다. 이를 지속적으로 실천하면 더 나은 결과를 창출할 수 있다.

- ☑ 부를 끌어당기기 위해 어떤 방법으로 풍요로운 삶을 만들어갈 것인가?

- ☑ 원하는 것을 끌어당기기 위해 오늘부터 매일 실천할 작은 행동은 무엇인가?

- ☑ "나는 풍요롭고 성공적인 삶을 누릴 자격이 있다."라는 확언을 하루에 100번씩 쓰며 잠재의식 속에 긍정적 확신을 심자.

3장

두 번째 죽음의
문턱에서

내 인생의 두 번째 죽음의 문턱을 넘나든 때는 온라인 위탁 판매 사업이 어느 정도 궤도에 오른 무렵이었다.

다이어트 제품을 판매하면서 고객 상담이 폭발적으로 늘어났고, 그때부터 나는 밤낮없이 메시지에 응답하며 살았다. 하루 24시간 중 22시간을 깨어 있는 날들이 이어졌고, 그렇게 6개월쯤 지나자, 몸과 마음이 동시에 무너져내렸다.

매출이 높아질수록 이상하게 짜증과 분노도 함께 치솟았다. 잠을 제대로 자지 못하니 두통이 일상이 되었고, 결국 참을 수 없는 통증에 병원을 찾았다. 의사는 내 공황장애 지수가 54점으로, 상당히 높다고 했다. "이 정도면 일상생활이 어렵습니다. 지금 당장 쉬지 않으면 큰일납니다." 그 말이 귓가에 맴

돌았다.

　　병원을 나오는 길, 스스로가 한심하게 느껴졌다. '나는 지금 뭘 하고 있는 걸까? 예전에 죽을 고비를 넘겼으면서 왜 또 정신없이 일에만 매달리는 거지?' 자책과 후회가 밀려왔다. 처방받은 약을 복용해도 몸은 여전히 무거웠고, 아이를 학교에 데려다주는 시간 외에는 휴대전화를 꺼둔 채 하루 종일 누워 있었다. '이대로는 안 된다.' 나는 깨달았다. 몸과 마음을 살릴 방법을 찾아야 한다.

　　의사가 "스트레스를 해소할 수 있는 활동을 해 보세요. 이를테면 성악 같은 것도 좋습니다."라고 권했다. 예전에 성가대를 했던 기억이 떠올라 성악 수업을 신청했다. 수업은 점점 이상한 방향으로 흘러갔다. 선생님은 수업 도중 보험 상품을 권했고, 한 시간 내내 영업을 했다. 결국 수업을 그만뒀지만, 선생님은 아픈 나를 위한다며 자신이 잘 아는 병원에 내 이름과 번호만으로 일방적으로 예약을 잡아버렸다. 거절해야 했지만, 하지 못했다. 며칠 동안 몇 차례나 확인 전화가 왔고, 당일 아침까지도 "지금 병원 가고 계시죠?"라는 전화와 메시지가 이어졌다. 갈등을 피하고 싶었던 나는, 결국 그 병원에 가고 말았다. 원장은 도수 치료는 큰 효과가 없다며 '척추 활성화 주사'를 강력히 권했다. 나는 주사보다는 약과 도수치료를 원한다고 분명히 말했다. 하지만 그는 고개를 저으며 말했다. "이 주사 한 방이면, 기어들어온 환자도 걸어서 나갑니다." 자신감 있는 말투에, 마치 이 선택 외엔 답이 없다는 듯한 분위기에 나는 결국 주사를 맞기로 했다. 하지만 그것이 내 삶을 송두리째 흔들어 놓을 줄은 몰랐다.

주사를 맞은 뒤 약국으로 가는 길, 엘리베이터 안에서 두피가 가렵기 시작하더니 피부가 오돌토돌 부풀어올랐다. 거울을 보니 얼굴은 창백했고, 눈은 벌겋게 충혈되어 있었다. 숨이 막히는 듯한 답답함이 밀려왔지만, 나는 아직 그 상황이 얼마나 심각한지 알지 못했다. 약을 타러 약국에 갔더니 약사가 나를 보자마자 깜짝 놀라 말했다. "이건 심각한 알레르기 반응이에요. 지금 당장 병원으로 돌아가세요!"

4층 진료실에 도착해 겨우 내뱉었다. "저… 몸이… 이상해요…" 그리고 그 자리에서 그대로 쓰러졌다.

병원은 순식간에 아수라장이 되었다. 숨이 막히고, 입술이 붓고, 두드러기와 전신 통증이 몰려왔다. 응급 주사를 맞고 겨우 안정을 찾았지만, 나는 완전히 지쳐버렸다.

엄마와 동생이 병원으로 달려왔다. 엄마는 오열하며 따졌다. 알고 보니 이 주사는 투여 전에 알레르기 반응 검사를 반드시 해야 했고, 원장은 그 과정을 간과한 채 주사를 놓았던 것이다.

치밀어오르는 분노보다 더 괴로웠던 건 스스로에 대한 자책이었다. 왜 또 거절하지 못했을까? 왜 또 '좋은 사람'으로 남으려 했을까? 결국, 피하려던 갈등이 결국 내 몸을 병들게 만든 것이다.

그날의 경험은 단순한 아픔이 아니었다. 나는 실제로 죽음의 문턱에 다녀왔다. 혀가 말리고, 숨이 막히고, 온몸의 혈관을 쥐어짜는 듯한 고통 속에서 '나는 여기서 끝나는 걸까?' 하는 공포를 똑똑히 느꼈다. 정신이 아득해지고 온몸이 무너져내리는 그 순간, 나는 다시 한번 삶에 대한 경각심을 갖게 되었다.

이후로도 내 몸은 완전히 회복되지 않았다. 지금도 조금만 잠을 못 자거나 스트레스를 받으면 온몸에 알레르기가 퍼지고, 가려움증에 시달린다. 약을 먹고 바르지 않으면 일상생활조차 어려울 정도다. 그러나 그때와 다른 점이 있다. 지금의 나는, 그 모든 증상 앞에서 절망하지 않는다. 왜냐하면, 명상이 내 안에 자리를 잡았기 때문이다.

처음엔 지푸라기라도 잡는 심정으로 헨델과 바흐의 음악을 틀었다. 단지 틀어놓은 것뿐인데, 신기하게도 마음이 조금씩 가라앉았다. 그때 나는 깨달았다. 명상은 좋으니까 하는 것이 아니라 '살기 위해' 해야 하는 것이구나.

나는 명상을 길게 하지는 않는다. 아침 5분, 점심 5분, 저녁 5분. 단 5분씩이라도 조용한 음악에 기대어 호흡을 가다듬는다. 이 짧은 시간이 나를 다시 살게 만들었다. 예전 같았으면 무너졌을 일상 속 위기도, 지금의 나는 다르게 맞이할 수 있다. 명상은 내게 '새로운 나'를 선물했다.

나는 점차 '명상 전도사'가 되었다. 나를 살린 이 도구를 더 많은 이들에게 전하고 싶었다. 깊은 산속에 있는 옹달샘 명상원에도 다녀왔다. 도토리 떨어지는 소리, 바람 소리, 새소리를 들으며 했던 묵음 명상은 내 안에 쌓여 있던 긴장을 서서히 풀어주었다. 식사도 맛있어 1박 2일의 수련 동안 2킬로그램이 늘었지만, 마음은 그보다 더 풍성해졌다.

명상의 가장 큰 장점은, 어디서든 할 수 있다는 것. 지금은 요가와 함께 매일 10분 정도 명상을 한다. 짧은 시간이지만 하루의 에너지를 다시 채우기에 충분하다.

명상은 이제 내게 선택이 아니다. 삶을 지키기 위한 책임이자, 나 자신을 위한 쉼표다. 지금 너무 지쳐 있다면 꼭 이 쉼표를 만들어보라. 명상은 당신을 더 건강하게, 더 평온하게, 그리고 무엇보다 더 강하게 만들어줄 것이다.

나를 살린 3분 명상

- ☑ 장소: 조용한 공간, 차 안이나 집 거실
- ☑ 음악: 헨델 〈라르고 Largo from Xerxes〉 또는 바흐 〈G 선상의 아리아 Air on the G String〉
- ☑ 자세: 두 눈을 감고, 한 손은 가슴에, 한 손은 배에
- ☑ 호흡: 깊게 들이마시고 천천히 내쉬며 10회 반복
- ☑ 확언: "나는 괜찮아. 나는 회복되고 있어. 나는 나를 사랑한다."

단 3분만으로 몸과 마음에 쉼을 줄 수 있다. 그 3분이 당신의 하루를 바꾸고, 삶 전체를 변화시킬 것이다.

4장

명상, 쉼표의 가치

명상을 시작하고 나는 전신 알레르기와 두통, 공황장애 약까지 끊을 수 있게 되었다.

사실 나는 명상을 유명 센터와 같은 특별한 곳에서 배우지 않았다. 오랜 시간 피아노를 쳤던 기억을 살려 내가 좋아하는 음악을 들으며 명상했고, 싱잉볼 소리를 통해 마음을 차분히 가라앉혔다. 비록 초보자용 명상이었지만 효과까지 미미하진 않았다. 나는 그것만으로도 삶에 활력을 되찾았고, 전신 알레르기와 두통에서 벗어나 약 없이 살 수 있는 행복을 얻었다.

이제 막 사춘기를 맞이한 우리 아이에게도 명상의 시간을 주려고 노력한다. 하루에 최소 5분이라도 명상의 시간을 가지게 하고, 잠들기 전에는 산에서 나는 소리, 새소리, 파도 소리,

싱잉볼 명상 음악 등을 들려준다. 아이는 다음 날 아침에 머리가 맑고 몸이 개운하다며 명상의 효과를 스스로 느낀다.

모두들 소중한 나를 위해 하루 5분의 쉼표를 만들어보길 바란다.

명상, 특별하지 않아도 삶을 바꾸는 힘

명상은 어떤 특별한 사람들의 도구가 아니다. 누구나 바쁜 일상 속에서 잠시 멈춰, 마음을 정리하고 평온함을 찾는 시간을 가질 수 있다. 우리 아이가 즐겨보는 〈쿵푸팬더〉에서도 명상 장면이 나온다. 아이는 그 장면을 보며 "엄마, 밤에 엄마가 틀어주는 명상 음악을 들으면 다음 날 아침에 개운해."라고 말한다. 그 말을 들을 때마다, 아이도 명상의 가치를 체험하고 있다는 사실에 나도 모르게 미소가 지어진다.

명상은 단순히 조용히 앉아 있는 시간이 아니다. 복잡한 일상 속에서 나 자신을 들여다보는 시간이며, 마음의 평화를 회복하는 소중한 도구다. 하루 단 몇 분이라도 머리와 마음을 정리할 수 있는 시간이 있다면, 그 자체로 삶의 질이 달라질 수 있다.

명상은 마음의 평화를 찾는 탁월한 도구지만, 처음 시작할 때는 자신에게 맞는 방법을 찾기가 어려울 수 있다. 나도 처음 명상을 시도했을 때 비슷한 어려움을 겪었다. 요가 수업에서 명상을 처음 접했을 때, 잡생각이 꼬리를 물어 집중하기가 어려웠다.

'언제 끝나지? 뭐라도 생각해야 하나? 이 자세는 꼭 유지해야 하나? 다리가 너무 아프네…'

결국 명상이 끝났을 무렵엔 발가락이 꼬여서 못 일어나겠다고 말했고, 그 말에 모두가 웃음을 터뜨렸다. 한동안 명상 시간에 도대체 뭘 생각하고, 뭘 해야 하는지 몰라서 그 시간이 참 답답하게만 느껴졌다. 그렇게 나는 명상과 가까워지지 못한 채 한동안 잊고 지냈다.

전신 알레르기와 두통이 심해져서 제발 이 통증에서 벗어나고 싶다는 간절한 바람이 있었을 무렵, 조성희 대표의 마인드 교육을 받으며 명상을 다시 시도하게 되었다. 이번에는 그냥 틀어놓는 것이 아니라, 조금 더 체계적으로, 제대로 접근해 보기로 마음먹었다.

명상, 삶을 바꾸는 첫걸음

명상을 제대로 이해하고 실천하려면 우선 자신에게 맞는 방법을 찾는 것이 중요하다. 나는 조성희 대표가 보내준 음성 파일을 들으며 명상에 대해 새롭게 눈을 떴다. 안내하는 목소리에 귀를 기울이며 따라 해보니, 마음이 한결 편안해지고 안정감을 느낄 수 있었다.

지금도 꾸준히 함께 챌린지를 이어가는 멤버들과 명상을 실천하고 있다. 명상 음악을 추천하며 서로 다른 경험을 공유하기도 한다. 어떤 방법이든 정답은 없기 때문에, 여러 가지를 시도해 보고 나에게 맞는 방식을 찾는 게 가장 중요하다.

음성 파일을 틀어놓고 따라 하며 명상하는 것이 좋다는 사람도 있고, 잔잔한 음악을 선호하는 사람도 있다. 백색소음(파도 소리, 빗소리 등)을 들으며 명상하는 것이 효과적이라는 사람도 있다. 결국, 나에게 맞는 명상법을 찾고 꾸준히 실천하며 명상의 효과를 느껴보는 것이 핵심이다.

명상 초보자를 위한 추천 방법

명상을 처음 시작하는 사람들은 긴 시간을 연달아 할 필요가 없다. 바쁜 현대인의 일상에서 하루 1시간을 내기가 어렵다면 짧은 시간을 나누어 실천하면 된다. 그렇게 해도 충분히 효과를 느낄 수 있다. 다음과 같은 간단한 명상 루틴을 통해 하루를 차분하고 긍정적으로 만들어보자.

아침 5분 명상
하루를 시작하기 전, 눈을 감고 자신의 호흡에 집중한다. 숨을 천천히 들이마시고 내쉬며 오늘 하루가 잘 풀릴 것이라는 긍정적인 확언을 스스로에게 들려준다.

예시 확언

"오늘 하루는 나에게 최고의 날이 될 것이다."
"모든 일이 자연스럽고 순조롭게 흘러간다."
"나는 내가 원하는 방향으로 하루를 만들어갈 힘이 있다."

아침 명상을 할 때, 잔잔한 음악이나 새소리 같은 자연의 소리를 틀어보자. 이런 소리는 마음을 새롭게 채워주고 긍정적인 에너지를 북돋아 준다. 아침 명상을 시작하고 나서야 하루를 어떻게 시작하느냐가 얼마나 중요한지 깨달았다.

많은 일을 늘 혼자 처리하고, 수많은 아이디어를 떠올리며 실행하느라 24시간 풀가동 중인 듯 아팠던 머리는 명상으로 맑아지고 개운해졌다. 그 뒤로는 아침 명상을 반드시 하게 되었다.

점심 5분 명상

식사를 마친 뒤 잠시 자리에 앉아 몸과 마음을 가다듬는다. 나른한 오후지만, 오늘 하루가 무사히 잘 지나가고 있음을 돌아보고 감사하는 시간을 갖는다.

> **명상 포인트**

내가 누리고 있는 모든 것들에 대해 감사해 보자.
지금 이 순간에 내 몸과 마음이 충분히 편안하다는 것을 느껴보자.
내가 하는 모든 일이 의미 있고 가치 있음을 떠올려보자.

> **예시 확언**

"나는 지금 이 순간에 충분히 감사함을 느낀다."
"오늘 하루가 나를 더 성장하게 해주고 있다."
"나의 노력은 반드시 보상받을 것이다."

이 짧은 명상은 오후의 나른함을 극복하고, 하루를 더 활기차게 마무리하는 데 큰 도움을 준다.

저녁 5분 명상

하루를 마무리하며 오늘의 일들을 돌아보고 감사의 마음을 갖는다. 부족하거나 아쉬운 일들은 마음속에 담아두지 말고 흘려보낸다. 지나간 하루를 온전히 받아들이고, 내일의 새로운 시작을 준비하는 시간으로 만든다.

> **명상 포인트**

오늘 하루 내가 한 일 중 잘한 일을 떠올리고 스스로를 칭찬해

보자.

아쉬운 점은 흘려보내며 내일은 더 나아질 수 있다고 믿어 보자. 오늘 하루를 가능하게 해준 자신과 주변 이에게 감사하자.

예시 확언

"나는 오늘 하루 최선을 다했고, 내일은 더 나은 하루를 맞이할 것이다."
"내 삶은 감사로 가득 차 있다."
"모든 것은 나에게 더 나은 방향으로 흘러가고 있다."

저녁 명상은 하루를 정리하고 마음의 평화를 찾으며 숙면을 취할 수 있게 돕는다. 백색소음이나 잔잔한 피아노 연주를 배경으로 사용하면 더욱 효과적이다.

하루 5분 명상의 힘

하루를 아침, 점심, 저녁으로 나누어 5분씩 명상을 실천해 보자.

- **아침**: 하루의 시작을 긍정적으로 열며 자신감을 얻는다.
- **점심**: 나른한 오후에 감사와 에너지로 마음을 새롭게 한다.
- **저녁**: 하루를 정리하며 부족한 점은 흘려보내고 숙면을 준비한다.

이 간단한 명상 습관이 쌓이면 삶의 질은 눈에 띄게 변화할 것이다. 하루 5분씩 짧은 시간을 나에게 투자해 보자. 마음의 평안과 행복을 발견하는 여정이 될 것이다.

싱잉볼 명상의 장점과 내 경험

나는 눈을 감고 싱잉볼의 깊은 울림을 들으면 마음이 잔잔해지고 머릿속이 맑아지는 것을 느낀다. 싱잉볼의 맑고 진동하는 소리는 뇌파를 안정시키며 심신을 자연스레 이완시켜 준다. 특히 명상에 쉽게 집중하지 못하는 사람도 그 소리에 귀를 기울이면 점점 몰입하게 된다. 또한, 싱잉볼 명상은 몸의 에너지를 정화하고 마음을 차분하게 하는 데 탁월한 효과가 있다.

뇌파 안정화. 싱잉볼 소리는 알파파를 활성화해 마음의 긴장을 풀어준다.
스트레스 완화. 울림의 진동은 몸과 마음을 진정시키고 스트레스를 줄여준다.
에너지 정화. 소리의 진동은 몸 안의 에너지 흐름을 조화롭게 만들어준다.
명상 집중력 향상. 일정한 리듬과 파장은 명상에 더 쉽게 몰입하도록 돕는다.

두통 완화. 두뇌의 긴장을 풀어주어 두통을 줄이는 데 효과적이다.

명상이 나에게 가져다준 변화

나는 항상 판매, 계획, 아이디어 창출 등으로 머리를 한시도 쉬지 않고 사용하며 살았다. 뇌가 풀가동 상태였기 때문에 머리가 무겁고 답답한 날이 대부분이었다. 떠오르는 아이디어는 많았지만, 모든 걸 다 처리할 수 없다는 압박감 때문에 두통약을 달고 살았다. 머리는 지끈거리고 속은 답답하게 느껴졌다.

메리케이에서 일할 때는 가능한 일대일로 고객을 직접 만나서 상담하고 스킨케어나 메이크업 클래스를 통해 제품을 소개했다. 그래서 상대를 내가 어느 정도 선택할 수 있는 구조였다. 성향이 나와 맞지 않은 사람에게 억지로 판매하지 않았고, 오히려 나와 오래 함께할 수 있는 사람과의 관계를 만들고자 했다. 그러다 보니 시간이 지나면서 고객들과 진짜 친구가 되었고, 우리는 서로를 응원하며 좋은 파트너로 함께 성장해갔다.

하지만 온라인 위탁 판매를 시작하면서부터는 상황이 달라졌다. 고객을 선택할 수 없어 다양한 성향의 사람들을 상대해야 했다. 막말을 하거나 배송이 조금만 늦어도 공개적으로 악플을 다는 사람, 자신의 생활 습관을 개선하지 않으면서 제품의 효과가 없다고 불만을 토로하는 사람 들도 있었다. 돈을 많이 벌수록 더 많은 사람들이 블로그에 유입되었고, 그만큼 스트레스도 증가했다.

처음에는 그저 참고 또 참았다. 하지만 시간이 지날수록 이런 부정적인 영향에서 벗어나기 위해 '고객을 가려 받자'는 결심을 하게 됐다. 악플을 다는 사람들은 신고하고, 무리한 요구를 하는 고객에겐 정중히 반품을 권했다. 그런데도 상황은 나아지지 않았다. 하루 종일 휴대폰을 손에서 놓지 못했고, 고객 문의에 최대한 신속하게 답변하려다 보니 잠도 못 자고, 쉬지도 못하는 날들이 이어졌다.

지치고 지친 어느 날, 머리가 터질 듯 아프고, 몸에 열이 확 오르기 시작했다. 스스로도 "이건 뭔가 다르다"는 걸 느낄 수 있었다. 병원에 도착하자마자 바로 검사가 이어졌고, 의사는 말했다. "이 정도면 입원을 권유해야 할 정도입니다. 지금은 절대 쉬시 않으면 위험합니다." 이전에도 공황장애 진단을 받은 적은 있었지만, 이번은 차원이 달랐다. 몸도 마음도 완전히 무너져 있었다. 그제야 나는 진짜 회복을 위한 방법을 찾아야겠다고 마음먹었다. 더는 미루면 안 되는 시점이었다.

의사의 권유로 몸을 적극적으로 움직일 수 있는 운동을 시작했다. 검도장을 다니며 스트레스를 해소할 수 있었다. 검도를 배우는 동안 머리가 맑아지고, 몸과 마음이 한결 가벼워지는 것을 느꼈다. 그러나 갑작스럽게 들이닥친 코로나로 다니던

검도장이 문을 닫게 되었다.

집에 가만히 앉아 있기엔, 몸도 마음도 회복이 더뎠다. 나는 생각했다. "내가 뭘 하면 즐거울까? 뭘 하면 다시 살아날 수 있을까?" 그렇게 고민 끝에 찾게 된 것이 바로 '뮤지컬 수업'이었다. 발성을 배우고, 가사에 감정을 담아 노래하는 시간은 마치 내 안에 갇혀 있던 감정을 하나씩 꺼내주는 것 같았다. 그 수업은 단순히 노래를 배우는 게 아니었다. 고단했던 내 일상에서 잠시 빠져나와, 내 마음을 마주하는 치유의 시간이 되어주었다.

그 이후, 명상에 대해 더 알고 싶다는 마음이 커져 관련된 자료들을 하나둘 찾아보기 시작했다. 그러던 중 우연히 조성희 대표님을 알게 되었고, 그분의 수업을 통해 '마인드파워'라는 세계를 접하게 되었다. 대표님의 수업은 초보자도 쉽게 따라 할 수 있도록 명상을 구체적으로 안내해 주었고, 나 역시 그 흐름을 따라 조금씩 내 방식의 명상법을 익혀갔다. 지금의 나는, 아침 5분, 오후 10분, 잠들기 전 5분씩 나만의 명상 루틴을 꾸준히 실천하며 조용히 내 마음을 다독이고 있다.

지금, 명상을 시작하자

명상을 시작하기에 완벽한 순간은 없다. 중요한 건 바로 지금 실천하는 것이다. 5분이면 충분하다. 특별한 도구도 필요 없고, 거창한 준비도 필요 없다. 그냥 눈을 감고 마음을 열면 된다.

하루 5분의 짧은 명상이 하루를 새롭게 바꾸고, 그 하루가 모이면 인생 전체를 바꿀 수 있다.

더 이상 미룰 이유는 없다. 지금 이 순간이 새로운 시작점이 될 것이다.

우리 함께 시작하자. 단순하지만 강력한 이 작은 실천이 더 나은 내일과 더 행복한 인생으로 이끌어줄 것이다. 지금, 변화를 시작하자.

6가지 상황별 추천 명상

1. 뇌를 깨우고 활성화시키는 아침 명상

추천 명상문

"나는 오늘 하루를 활기차고 에너지 넘치게 시작한다."
"나의 모든 생각이 명확하고 창의적이다."
"새로운 도전은 나를 더 성장하게 한다."
"오늘 하루가 나에게 최고의 기회를 가져다줄 것이다."

추천 음악

비발디의 〈Four Seasons: Spring〉
싱잉볼 명상 음악(맑고 청량한 소리)

활기찬 알파파 명상 음악

2. 부정적인 생각과 불안한 마음을 다스리는 명상

추천 명상문
"나는 내 마음속의 모든 부정적인 감정을 흘려보낸다."
"이 순간, 나는 안전하고 편안하다."
"내 안에 평화가 자리 잡고, 모든 걱정은 사라진다."
"나는 내 삶의 모든 문제를 차분히 해결할 힘이 있다."

추천 음악
잔잔한 피아노 연주와 새소리가 어우러진 명상 음악
헨델의 〈Largo from Xerxes〉
자연의 파도 소리와 함께 한 432Hz 주파수 음악

3. 스트레스가 심할 때 도움이 되는 명상

추천 명상문
"나는 모든 긴장을 내려놓고 가볍게 숨을 쉰다."
"내 몸과 마음은 부드럽게 이완되고 있다."

"지금 이 순간이 중요하다. 모든 것은 잘 풀릴 것이다."
"나는 내게 필요한 여유와 안정감을 충분히 허락한다."

추천 음악

크리스털 싱잉볼 소리와 물소리가 어우러진 명상 음악
쇼팽의 〈Nocturne in E flat Major, Op. 9, No. 2〉
잔잔한 빗소리와 피아노 연주가 조화로운 음악

4. 발표 전 혹은 면접 전 떨림을 차분하게 다스리는 명상

추천 명상문

"나는 차분하고 자신감 있는 모습으로 나 자신을 표현한다."
"나의 모든 말과 행동은 자연스럽고 매끄럽게 이어진다."
"나는 이 순간에 최선을 다하고 있다."
"나의 열정과 노력이 나를 성공으로 이끈다."

추천 음악

모차르트의 〈Piano Sonata No. 11 in A Major〉(잔잔하고 차분한 음악)
432Hz 싱잉볼 집중 명상 음악
바흐의 〈Well-Tempered Clavier〉 중 느린 곡

5. 부와 풍요를 끌어당기는 명상

추천 명상문
"나는 풍요로움과 번영을 받을 준비가 되어 있다."
"돈과 성공은 자연스럽게 내 삶으로 흘러들어온다."
"내가 가진 모든 것이 감사로 충만하다."
"우주의 풍요로운 에너지가 나를 감싸고 있다."

추천 음악
싱잉볼 명상 음악(풍요와 번영 테마)
바흐의 〈Brandenburg Concerto No. 3〉
432㎐ 배경 음악과 자연 소리의 조화

6. 감정을 정화하고 집중력을 높이는 명상

추천 명상문
"나는 내 마음속의 모든 부정적인 감정을 정화한다."
"맑은 에너지가 내 몸과 마음을 가득 채운다."
"나의 집중력은 날카롭고 명확하다."
"나는 나의 목표에 온전히 몰입할 수 있다."

추천 음악

잔잔한 오케스트라 연주와 백색소음(물소리, 숲 소리)

비발디의 〈Concerto for Strings in G Major〉

심장 박동 소리와 어우러진 알파파 명상 음악

나만의 활용팁

아침 명상은 활기를 불어넣고, 스트레스 완화 명상은 긴장을 푸는 데 좋다.

특정 상황에 따라 즉각 실천할 수 있도록 스마트폰에 음악 플레이리스트를 미리 저장하거나 명상문을 녹음해 두면 효과적이다.

명상으로 원하는 상태를 만들어가며 더 나은 하루를 시작해 보자.

5장
목표 세분화의 힘

성공을 위해서 큰 목표를 세우는 것은 중요하지만, 그것만으로는 충분하지 않다. 목표를 현실로 만들기 위해선, 실행 가능한 작은 단위로 쪼개고, 매일 행동에 옮겨야 한다. 예를 들어 월 1,000만 원이라는 매출 목표를 세웠다면, 주간 250만 원, 하루 약 36만 원으로 쪼개보자. 이렇게 구체적인 수치를 설정하면 하루에 무엇을 해야 할지가 명확해지고, 실행력이 올라간다.

큰 성공은, 작지만 꾸준한 행동의 반복에서 나온다. 핵심은 '쪼개고, 실행하는 것'. 결국 실행하는 사람만이 목표를 현실로 만든다.

나는 늘 목표를 월, 주, 일 단위로 쪼개고, 아침, 점심, 저녁으로 나누어 실천하는 생활 습관을 유지해왔다. 아주 어쩌다

여행을 가거나, 병원에 가느라 이 패턴이 흐트러질 때도 있지만, 그럴 때마다 불안해할 필요는 없다. 중요한 건 '완벽함'이 아니라 '복귀력'이다. 루틴이 무너졌다고 해서 끝이 아니다. 핵심은 다시 돌아올 수 있는 힘, 다시 '내 자리를 회복할 수 있는 유연함'이다.

여기에 100번 쓰기와 자기 확언, 자기 암시의 힘을 결합하면 그 효과는 배가 된다. 단순히 꿈을 적는 행위가 아니라, 그 꿈을 시각화하고 잠재의식에 각인시키며, 실천을 통해 현실로 끌어당기는 강력한 도구가 되는 것이다.

목표가 막연할 때는 도전이 두렵다. 그러나 목표를 세분화하면 할수록 우리는 그 목표에 더 가까워진다. 그리고 매일 100번 쓰기를 통해 원하는 것을 생생하게 상상하고, 자기 확언으로 그 가능성을 믿으면, 잠재의식은 우리를 그 방향으로 이끄는 강력한 파트너가 되어준다.

나 역시 이 방법을 실천하며 지금껏 수많은 목표를 이루어왔다. 섣부른 의지나 노력만으로는 이룰 수 없는 것들도, 잠재의식의 힘과 함께했기에 가능했다. 밥 프록터는 "잠재의식은 우리의 인생을 창조하는 열쇠"라고 말한다. 우리가 어떤 생각을 반복하느냐에 따라 그것이 삶의 형태로 드러난다.

제임스 앨런도 말했다. "생각이 운명을 만든다." 우리가 마음속에 어떤 생각을 품고 그것을 반복하느냐에 따라 인생의 방향은 바뀐다. 그 생각이 구체적일수록 우리 뇌와 잠재의식은 그 꿈을 실현하기 위한 행동을 자동적으로 유도하게 된다.

조성희 대표 역시 잠재의식과 100번 쓰기의 중요성을 강조한다. 그녀는 마음의 힘이 우리가 꿈꾸는 삶을 현실로 끌어오는 핵심이며, 이를 위해 반복적인 확언과 시각화가 반드시 필요하다고 말한다. 나 또한 이 방법을 통해 차량 프로모션 달성, 성공적인 위탁 판매 사업, 체중 감량 등 수많은 목표를 실현해왔다.

6개월간 1억 5천만 원이 넘는 매출을 달성해야 하는 핑크 카 프로모션 목표를 세운 적이 있다. 처음엔 막막했지만, 월, 주, 일 별로 세분화하고, 매일 매출 목표를 위한 실행 계획을 구체화했다. 고객에게 어떤 제품을 어떤 방식으로 소개할지 명확하게 설계하면서 하나씩 실천해갔다. 그 결과, 목표를 성공적으로 달성할 수 있었다.

국내 구매 대행 사업에서도 이 전략은 유효했다. 하루에 5,400만 원의 매출을 달성한 날도 있었고, 코로나19 팬데믹 시기에는 매출이 오히려 두 배 이상 증가했다. 1년간 15억 원의 매출은 단순한 행운이 아니라 목표를 쪼개어 매일 실행한 결과였다.

28킬로그램을 감량한 다이어트도 같은 방식이었다. 처음부터 28킬로그램을 목표로 한 것이 아니라, 한 달에 4킬로그램, 하루에 145그램씩 감량하겠다는 구체적인 계획을 세우고 식습관과 운동 루틴을 철저히 지켰다. 결국 10개월에 걸쳐 나는 목표를 이루었다. 작은 실천은 강력한 힘을 가진다.

　행동 없는 꿈은 그저 환상일 뿐이다. 중요한 것은 생각이 아니라, 그 생각을 실천으로 연결하는 구체적인 계획과 행동이다. 체중 감량을 원한다면 운동화를 신는 것부터 시작하라. 이렇게 작고 사소한 행동이 모여 습관이 되고, 그 습관들이 모여 결국 현실을 바꾸는 결과를 만든다.

　당신의 목표가 무엇이든, 지금 이 순간 구체적으로 쪼개어 매일 실천 가능한 계획으로 만들어보라. 100번 쓰기와 자기 확언으로 마음을 단단히 다지고, 반드시 행동으로 연결하라. 그리고 당신 안의 잠재의식이라는, 가장 강력한 무기를 당신 편으로 만들어야 한다.

　목표를 크게 잡으면 막연하고 도전이 어려워 보일 수 있다. 그러나 그 목표를 잘게 나누어 보면, 그 안에는 지금 당장 실천할 수 있는 작은 일들이 반드시 숨어 있다. 처음부터 완벽할 필요는 없다. 중요한 것은 꾸준함이다. 리듬이 무너졌다면, 다시 돌아오면 된다.

　당신의 꿈은 멀리 있지 않다. 지금 이 작은 실천 하나가 당신의 인생을 완전히 바꾸는 전환점이 될 수 있다.

☑   작은 실천과 성취:

내가 이루고자 하는 큰 목표를 달성하기 위해 한 달 동안 일주일 단위로 설정할 수 있는 작은 목표는 무엇인가?

☑   실천 행동:

월간 목표를 주간 계획으로 세분화하고, 매일 달성할 수 있는 실천 항목을 구체적으로 기록해 보자. 작더라도 꾸준한 성취가 당신의 꿈을 곧 현실로 바꿀 것이다.

에필로그

이제, 당신 차례

첫 장을 쓸 때의 떨리는 마음으로 지금 이 마지막 글을 씁니다.

당신이 이 페이지까지 와주었다는 것은, 지금까지 내 여정을 함께 걸어왔다는 뜻이겠지요. 내 이야기를 따라오는 동안 당신의 마음이 한 번이라도 움직였다면, 그걸로 나는 충분합니다.

이 책은 단순히 성공에 대한 이야기가 아닙니다. 이 책은 용기에 대한 이야기입니다. 마음속 깊이 묻어두었던 꿈을 꺼낼 용기, 지금 가진 것 그대로 시작할 용기, 그리고 수많은 이유에도 불구하고 포기하지 않는 용기. 나는 당신이 그 용기를 꺼내 들 수 있기를 진심으로 바랍니다. 완벽하지 않아도 됩니다. 하루가 무너져도, 내일 다시 시작하면 됩니다.

크고 대단한 성공보다, 오늘의 나를 믿고 한 걸음 더 내딛는 것. 그것이야말로 진짜 삶의 기적을 만들어가는 힘이라는 걸, 나는 경험으로 말할 수 있습니다.

나는 그저 평범한 대한민국의 엄마였습니다. 그런 내가 지금, 이 책을 통해 당신과 연결되어 있습니다. 그 어떤 대단한 배경도, 거창한 조건도 없었습니다. 오직 진심으로 한번 살아보자는 결심 하나였습니다. 그리고 이제는 당신의 차례입니다.

당신이 꾸는 꿈은 결코 작지 않습니다. 그건 당신만이 걸을 수 있는 유일한 길입니다. 당신이 진심으로 바란다면, 반드시 이룰 수 있습니다.

이 책이 당신 삶의 작은 불씨가 되길 바랍니다. 그리고 언젠가, 그 불씨가 당신만의 이야기로 이어져 누군가의 어두운 밤을 비추는 따뜻한 등불이 되기를 진심으로 바랍니다.

나는 당신을 믿습니다. 그리고 언제나 당신을 응원하겠습니다.

지금, 당신의 여정을 시작하세요.

감사의 마음을 담아

이 자리를 빌려 사랑하는 가족에게 깊은 감사를 전합니다.

아빠와 엄마, 두 분의 한결같은 사랑과 응원은 언제나 내 삶의 중심이자 든든한 버팀목이었습니다. "우리 딸은 뭐든지 해낼 수 있지! 그럼! 한번 해 봐. 하다가 안되면 다시 다른 길을 찾으면 되지." 무슨 일이든 항상 이렇게 응원해 주신 두 분의 믿음 덕분에, 나는 다시 일어설 수 있었습니다.

힘들 때 조용히 다가와 옆을 지키고, 포기하고 싶을 때 손을 내밀어 준 동생 다경에게도 진심으로 감사의 마음을 전합니다. 그 따뜻한 위로와 묵묵한 동행이 내게 얼마나 큰 힘이 되었는지는, 말로 다 표현할 수 없습니다.

언제나 있는 그대로의 나를 바라봐 주고 믿어주는 남편에게도 고마움을 전합니다. 내가 어떤 모습이든, 어떤 상황에 있든 늘 한결같은 격려와 지지를 아끼지 않았습니다. "당신이 최고지. 대한민국에서 윤도연을 이길 사람은 없어." 감정이 흔들릴 때마다, 도전을 망설일 때마다, 당신의 이 말이 나를 다시 일으켰습니다.

그리고 내가 하루를 살아가는 가장 큰 이유, 사랑하는 아들. "엄마가 있어서 너무 행복해. 엄마는 내 삶의 이유야." 네 한마디 한마디가, 엄마를 다시 일으켜 세우곤 했단다. 너의 따뜻한 진심은 세상의 어떤 응원보다 더 크고 깊었어. 네가 곁에 있어, 엄마는 오늘도 더 단단해질 수 있었단다. 엄마가 된 지금 이 시간은, 내 인생에서 가장 크고 소중한 선물이야.

늘 따뜻하게 품어주신 외갓집 가족 여러분, 말로 다 표현할 수 없는 사랑과 격려에 깊이 감사드립니다.

마인드파워 독서코치 마스터마인드 3조, 끝장내는 위너스 51기 코치님들, 그리고 마인드파워 챌린지 3조 외 모든 동료 여러분. 함께 걸으며 나눈 응원과 용기, 그 모든 순간이 이 책을 완성하는 원동력이 되었습니다.

무엇보다, 마인드파워의 수장이자 밥 프록터의 한국 유일 비즈니스 파트너인 조성희 대표님께 깊은 감사와 존경을 드립니다. 대표님께 배운 마인드의 힘은 제 인생을 완전히 바꿔 놓은 강력한 전환점이었고 이 책이 시작될 수 있었던 출발점이기도 했습니다. 삶의 방향을 밝혀 주신 그 가르침, 평생 잊지 않겠습니다.

DID 정신으로 뭐든 할 수 있다는 확신을 심어준 송수용 대표님, 대표님께서 저를 '모티베이터'라 불러주신 그 한마디는 제 삶의 방향이 되었습니다. 누군가의 마음에 불을 지피는 사람이 되겠다는 그 다짐, 오늘도 잊지 않겠습니다. 말 한마디, 행동 하나에 진심을 담으며, 오늘도 깊고 단단하게 살아가겠습니다.

성남 지역 초등학교 학부모회 활동을 통해 인연을 맺은 이상호 전 성남시의원님께도 깊은 감사의 마음을 전합니다. 언제나 "멋지다.", "최고다."라고 아낌없이 칭찬해주시고, 일하다가 어려운 일이 생기면 언제든 편하게 얘기하라며 따뜻한 격려와 함께 "도움이 될 수 있다면 적극 도와주겠다"는 말씀으로 큰 힘이 되어주셨습니다. 학교를 위한 든든한 지원도 아끼지 않으신 의원님의 진심 어린 응원은, 제게 깊은 울림이자 감사로 남았습니다.

그리고 지금 이 책을 펼쳐든 당신, 당신도 분명히 해낼 수 있습니다. 지금의 이 선택이, 당신 인생을 바꾸는 새로운 시작이 되기를 진심으로 믿습니다. 포기하지 않고 끝까지 도전하는 당신의 여정을, 저는 언제나 진심으로 응원하겠습니다.

마음과 현실을 연결하는 실행가
윤도연 드림

끌어당기는 세일즈
SNS로 억대 매출을 만든 워킹맘의 실전 전략

1판 1쇄 발행	2025년 8월 13일
지은이	윤도연
펴낸이	이진석
디자인	손주영
펴낸곳	노들
출판등록	2023년 10월 26일 제 2023-000264호
주소	서울특별시 마포구 월드컵북로 400 서울경제진흥원, 5층 15호(상암동)
E-mail	nodeulbooks@naver.com
ISBN	979-11-985601-7-9 03190

• 책값은 뒤표지에 있습니다.
• 파본은 구입하신 서점에서 교환해드립니다.
• 이 책은 저작권법에 의하여 보호를 받는 저작물이므로 무단 전재와 복제를 금합니다.